니가 있어 행복하다

니가있어 행복하다

김범선 지음

리즈앤북
ries & book

서문

　항상 무엇에 쫓기듯 바쁘게 살아왔다. 지나고 생각하니 정신없이 살아온 것 같다. 사회생활에서 은퇴하여 어느 날 가장 소중한 내 아이들을 찾았더니 모두 품안을 떠나고 없었다. 그동안의 내 삶이 무엇인가 잘못되었다는 생각이 들었다.
　아이들이 어린 시절, 봄이면 소풍을 가자고 졸랐다. 여름철이면 바다에, 가을이면 운동회, 겨울이면 강가에 썰매 타러 가자고 졸랐었다. 일요일이나 공휴일에 쉬려고 하면 아이들은 나들이를 가자고 몹시 보채며 졸라댔다. 그러나 당시에는 피곤하고 호주머니에 돈이 없어 갈 수가 없었다.
　그래서 아이들에게 이렇게 달랬었다. "형편이 조금만 더 좋아지면 그때 가자. 그땐 너희들이 원하는 걸 모두 해주고 함께 놀아줄게." 그렇게 약속했던 소중한 시간들은 이미 모두 흘러가고 말았다.
　형편은 조금도 더 나아지지 않았다. 돈은 항상 부족했고, 늘 시간에 쫓기며 살아야 했다. 어린이날 소풍도 함께 가본 적이 없었

고, 가을 운동회에도 간 적이 없었다.

 아이들 입학식이 언제인지도 모르고 지나갔으며, 저녁에 졸업장을 내밀어야 졸업을 했는지 알았다.

 그렇게 바쁘게 살던 어느 날,

 이젠 아이들과 함께 지낼 수 있는 시간 여유도 생겼고 경제적 여유도 조금 늘었다. 그래서 아이들을 찾았더니, 언제나 꼬마들로 남아 있을 것만 같았던 내 아이들은 모두 제 갈 길을 가고 없었다. 어쩌다 찍어 두었던 사진들만 그 모습으로 기다려 주고 있었다.

 그때 깨달았다. 삶에서 형편이 조금 더 좋아지는 날은 결코 오지 않는다는 사실을. 자식들은 부모가 형편이 더 좋아질 때까지 크지 않고 기다려 주지 않는다는 것을.

 아이들은 부모들의 형편보다 훨씬 더 빨리 성장해서 어느 날 문득 정신이 들어 찾아보면 그땐 모두 제 갈 길을 가고 없어진다는 것을 알았다.

 이걸 조금만 더 일찍 깨달았더라면 무슨 일이 있더라도 아이들과 더 많은 행복한 시간을 보냈을 것이다. 삶은 언제나 바쁜 것이고, 돈은 언제나 부족한 것이며, 생활비는 항상 모자란다는 것을 알았을 때는 이미 좋은 시절은 끝이 나 있었다.

그동안 살아오면서 아이들에게 해주고 싶었던 이야기들이 아주 많았다. 비오는 날, 버스 통근 길에 창가에 흘러내리는 빗물을 바라보며 마음속으로 수없이 아이들 이름을 불러 보았다. 큰딸에게는 이렇게 이야기를 해주고, 작은아이들에게는 이것을 가르쳐 주어야지, 하고 마음속에 새겨두었던 이야기들.

시외버스를 서너 번이나 갈아타야 집에 도착하는 육송정에서 도시락 가방을 메고 버스를 기다리며, 늦가을 어둠 속에 쪼그리고 앉아 추녀 끝에서 떨어지는 빗방울을 바라보며 집에서 기다리고 있는 귀여운 딸들을 떠올리며 하던 기도들.

사랑하는 자식들아,
이 글은 너희들이 어린 시절 놀러 가자고 졸랐을 때 같이 놀아주지 못한 것을 후회하며, 강가에 앉아 지는 노을을 바라보며 떠나간 너희들을 그리워하다가 떠오른 아빠의 삶에 대한 진솔한 이야

기이며, 형편이 좀더 좋아질 때를 기다리다 결코 그런 날늘이 오시 않는다는 것을 뒤늦게 깨달은 한 아버지가 회한에 차서 늦게나마 용기를 내어 사랑하는 딸들에게 남겨주고 싶은 이야기들이란다.

  사랑하는 딸늘아,

  너희들은 아빠처럼 후회하는 삶을 살지 마라. 아이들의 빠른 성장은 부모의 형편을 절대로 기다려주지 않는단다. 아이들과 함께 하는 현재의 시간을 항상 소중하게 생각하렴.

  그리고 어리석고 우둔한 아빠처럼 정신없이 살다가 뒤늦게 이런 후회의 글들을 남기지 않도록 노력해다오. 아빠도 수많은 시행착오와 실수를 경험하고 뒤늦게 자식 사랑을 깨달은 어리석은 사람이란다. 사랑하는 딸들아, 아빠가 너희를 위해 해줄 수 있는 것이 아무것도 없구나. 그래서 더 가슴이 아프다. 이 한 권의 책으로 너희를 사랑하는 아빠의 마음을 대신 전한다.

小白山 心池堂에서
梵善

| 차례

비교하지 마라 13

차라리 그렇게 하렴 18

고맙습니다 23

그거 아니? 28

고무줄과 같다 34

입 속에 숨어 있는 불꽃 38

무엇을 줄까, 무엇을 베풀까 41

정말 있을까 46

한 가지만 잘해라 53

마음속에 있다 56

그거 살 때 말이다 59

피가 끓을까 63

정말 피가 끓어오른다 69

잘났어 정말　72

걱정하지 마라　76

허상과 실상　80

미인은 사기가 만든다　83

면도날의 꿀과 같다　85

어떡할래　87

이렇게 변한다　93

여자의 몸과 같다　96

그땐 몰랐죠　101

원칙이 있다　104

거래의 대상이 아니다　108

살구꽃 축제　111

정말 맞을까　116

제일 무섭다　123

좋은 연을 걸어라　128

네가 있어 그 모든 게 있다 131
정말 있을까 134
그때 그렇게 할걸 138
너도 딸 낳아 보렴 142
적당히 해라 145
함부로 걷지 마라 148
이건 몰랐지 151
천대하지 마라 157
빚쟁이 왔니? 162
인간답게 살다 167
갚을 수가 있을까 171
이겨서 뭐 할래 174
죽이기도 하고 살리기도 한다 178
어리석어진다 182
얼마나 남았니? 186
가장 좋은 무기 191
남을 배려하라 194

고생을 하겠느냐, 고행을 하겠느냐 197

우연일까 199

얻었느냐 203

그게 더 좋다 206

강도보다 무섭다 216

감옥에 갈래 지옥에 갈래 218

모르는 게 약이다 221

누에 223

지우고 또 지우렴 226

안경을 벗는 공부 229

암탉을 봐라 231

대합실 235

아빠가 본 세상은 237

기도하는 마음으로 살아라 240

부탁한다 242

비교하지 마라

사랑하는 딸들아,

원래 너희들에게 주는 글은 엄마가 쓰기로 했단다. 아빠가 퇴임하기 한 달 전, 엄마 아빠는 동해안 바다로 여행을 간 적이 있었다.

그간 엄마는 자기 생활을 모두 희생하며 아빠를 위해 살아왔다. 그런 엄마에게 아빠는 그 고마움을 전하고 싶었다. 그런데 돈이 있어야지. 그래서 아빠는 2학기에 들어서자 특기적성 시간 수당을 엄마 모르게 조금씩 모아 두었다. 그 돈으로 엄마와 여행을 갈 생각이었지.

8남매의 장남으로 태어난 아빠와 7남매의 장녀로 출생한 엄마가 결혼을 했을 때, 우리 내외는 밤이면 이불 속에 나란히 누워 아빠는 아빠 동생들을, 엄마는 엄마 동생들을 걱정하며 밤을 지새우는 날들이 아주 많았다.

그 많은 집안의 대소사들, 그리고 연이어 태어난 너희들 4남매를 키우느라 우리 두 사람만의 시간은 없었단다. 그래서 아빠는 그간의 엄마의 노고를 위로해 주고 싶었다.

우리가 처음 결혼을 했을 때 아빠는 글을 쓰는 것이 꿈이었고, 엄마는 그림을 그리는 것이 꿈이라고 했다. 우리 두 사람은 서로의 꿈을 위해 노력하기로 약속을 했다.

아빠는 소설가로 명성은 얻지 못했지만 그런대로 하고 싶은 일을 하며 살아왔다. 그런데 엄마는 아빠 때문에 그림에 대한 꿈을 이루지 못하고 접었단다. 그래서 항상 미안하고 송구스러웠다. 이 블로그 프로필에 있는 아빠의 초상화는 엄마의 솜씨란다. 지나고 생각하니 아빠가 소설을 쓰는 것보다 엄마가 그림을 그렸더라면 더 좋지 않았을까 하는 후회가 들기도 하는구나.

두 사람이 처음으로 떠나는 여행에 우리는 무척 흥분을 했다. 엄마 아빠는 신혼여행도 안 갔거든. 당시 우리는 형편이 여의치 않아 결혼식을 마치고 안동 유스호스텔에서 하룻밤을 묵고 새로 준공된 안동댐을 돌아본 게 전부란다.

아빠의 정년퇴임 기념 여행을 떠난 우리 두 사람은, 아빠의 고향인 영양을 지나 한내 다리 밑에서 삼겹살과 김치를 반찬으로 늦은 저녁을 먹었다. 그리고 무창을 지나 창수재를 올라가자 내려다보이는 저 멀리 동해에서 이제 막 둥근 대보름달이 두둥실 떠오르더구나.

거대한 보름달이 바다 위로 떠오르자 엄마는 너희들에게 저 모습을 보여 주지 못하는 게 안타깝다고 했다. 그러면서 아빠에게 너희들에게 어떤 이야기를 해주고 싶으냐고 물었다.

그때 아빠는 남자로서 아들에게 이런 이야기를 꼭 해주고 싶다고 했고, 엄마는 딸에게 자기가 살아오면서 느낀 삶의 이야기를 해주고 싶다고 했다.

이 글의 집필 동기는 그렇게 시작되었다. 아빠가 〈아들에게 주는 글〉을 집필하면서 엄마에게 딸에게 하고 싶은 이야기를 쓰라고 했을 때 엄마는 단호하게 거절을 했다.

그 거절 이유가 뭔지 아니? 한마디로 아빠와는 더 이상 동업을 하지 않겠다는 이야기였다.

아빠는 엄마의 그 심정을 충분히 이해한다. 엄마는 이제 자기만의 생활을 갖고 싶어하는 독립군이란다. 그래서 아빠의 마음으로 〈딸들에게 주는 글〉을 쓰기로 했다.

그게 이 글의 시작이었다.

"아빠!"
"왜?"
"남편이 이상해요. 술을 너무 좋아해서 밤이 늦도록 친구들과 술을 마셔요. 담배도 너무 많이 피우고, 무슨 남자가 그래요?"
"그렇게 술을 많이 마셔, 김 서방이?"

"예. 아빠, 전 남자들이 모두 아빠와 같은 줄 알았죠. 남자들은 모두 어쩌다 간혹 술을 마시고 담배도 피우지 않는 줄 알았어요. 그리고 아빠처럼 6시 땡 하면 집으로 퇴근하는 줄 알았죠. 그런데 이 사람은 아녜요. 자정이 가까워져야 집으로 돌아와요. 그것도 술이 곤드레만드레가 되어 가지고……. 이럴 줄 알았더라면 결혼하지 말 걸 그랬어요."

사랑하는 딸들아,
넌 어릴 때부터 보아온 아빠에게서 남자의 모습을 찾는구나. 아빠는 남자로서는 꽁생원이었다. 아빠는 살기에 너무 바빠 마음 놓고 술 한잔 못 마시는 소심한 사람이었다.

틀린 것은 네 남편이 아니라 아빠란다. 이제 아빠의 모습은 네 머릿속에서 지워 버려라. 그리고 지금의 네 남편 모습을 남자의 원래 모습으로 알고 살아가렴. 네가 결혼 전까지 본 아빠의 모습은 진정한 남자의 모습이 아니란다.

옛 선인들이 말씀하시기를 여자들은 평생 동안 세 사람의 남자 모습을 본다고 했다. 결혼 전에는 아버지라는 남자를, 결혼 후에는 남편을, 노년에는 아들이라는 남자를.

사랑하는 딸들아,
이 세상에 어떤 남자와도 네 남편과는 비교하지 마라. 만일 네가 남편을 다른 남자들과 비교한다면 네 결혼 생활은 불만으로 가득 찰 것이다.

그러나 네 남편에게 아침마다 '당신은 이 세상에서 단 하나뿐인 나의 사랑'이며 '최고의 남자'라고 말해 준다면, 그는 너를 위해 목숨까지 바치는 충실한 머슴으로 변할 것이다.

남자는 여자 하기 나름이란다. 네가 어떻게 하느냐에 따라 네 남편은 노래하고 춤을 추는 고래가 되기도 하고, 사나운 맹수로 돌변하기도 한다.

아빠도 네 엄마의 '당신이 최고'라는 칭찬 한마디에 속아 평생을 힘 드는 줄 모르고 살아왔다.

사랑하는 딸들아,

이제 넌 남편을 고래보다 더 춤을 잘 추는 남자로 만들겠지? 잊지 말거라, 얘야. 여자는 감성으로 살고 남자는 본능에 따라 산다는 것을.

차라리 그렇게 생각하렴

사랑하는 딸들아,

황 교수 문제로 세상이 떠들썩하구나. 아빠는 황 교수가 줄기세포 연구로 매스컴을 탈 때마다 몹시 염려를 했다. 높이 올라갈수록 떨어질 때 소리가 요란한 법이거든.

아빠는 〈아들에게 주는 글〉에서 사람은 중요한 일을 할 때는 끈임 없이 정진을 하여 자신의 지혜를 밝혀야 한다고 말했다. 5분 생각하고 결정할 일을 30분간 정진하며 앞날에 대한 지혜를 밝힌다면 어떤 것이 더 현명한 결정이 되겠느냐? 사람이란 잘 나가고 높이 올라갈수록 앞으로 떨어질 때를 대비해서 더욱 정진을 해야 한단다.

"아빠, 힘들어 죽겠어요."

"그 여자가 그렇게 싫으니?"

"예, 이젠 보기만 해도 질려요."

사랑하는 딸아,

네가 다니는 회사에서 같이 일하는 동료 중, 너보다 나이도 어린 한 여사원이 사사건건 네게 시비를 걸어서 힘들어하는구나. 그 아가씨는 네 팀장과 약혼한 사이라지.

그녀는 자기 약혼자의 '빽'을 믿고 팀의 동료들을 무시하며 괴롭힌다지. 그래서 모두가 노이로제에 걸릴 지경이라고?

딸들아,

네 주변이나 직장 내의 어떤 사람이 너를 무시하고 멸시하더라도 아무 말 하지 말고 그냥 참고 지내렴. 속에서 화가 나서 죽겠는데 어떻게 참느냐고? 참다가 스트레스 받아 죽으면 아빠가 책임지겠냐고?

사랑하는 애야,

지금 너를 멸시하고 업신여기는 그 아가씨는 자신은 모르고 있지만 잘 생각해 보면 네 죄업을 소멸시켜 주고 있는 거란다.

너는 전생에 지은 죄업으로 현재의 네 삶에서 마땅히 벌을 받아야 한다. 그래서 그 아가씨가 네 죄업을 소멸시켜 주는 악역을 하고 있는 것이다. 그 아가씨 덕분에 넌 죄업이 소멸되고, 그 아가씨는 자신도 모르게 새로운 악업을 쌓아 어느 날 그 고통을 받는 날을 맞게 되는 것이란다.

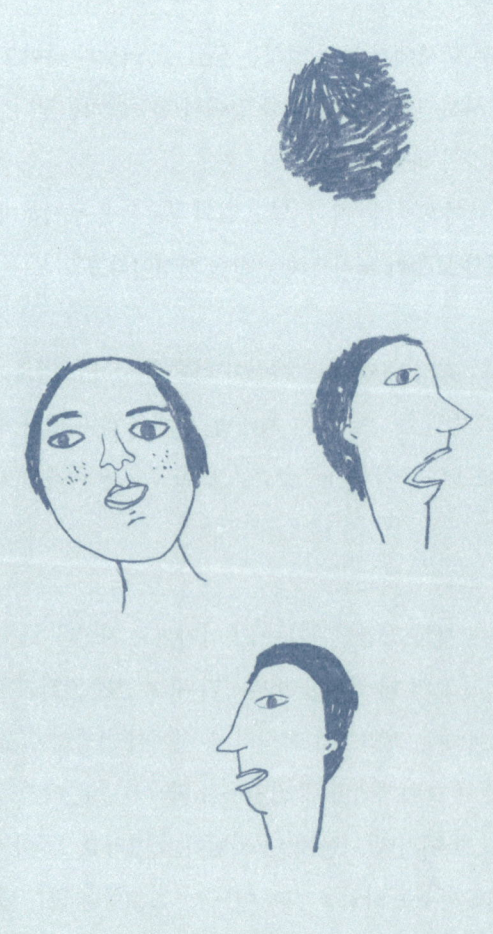

반대로 네가 남을 멸시하고 업신여긴다면 네가 그 역할을 하게 되는 것이지. 이 글을 읽은 너는 그렇게 어리석은 짓은 하지 않겠구나. 업장 소멸의 이치를 알았으니까 말이다.

사랑하는 딸들아,

그 아가씨가 너를 멸시하고 무시할 때마다 미스 김이 내 죄업을 소멸시켜 주는 악한 역할을 하는 고마운 존재라고 생각해 보렴. 그리고 참고 인내하는 마음의 그릇을 키워 보도록 하여라.

그럼 넌 새로운 깨달음을 얻을 것이다. 이건 아빠의 이야기가 아니라 성현들의 경전에 나오는 이야기란다.

만일 네가 그렇게 생각하지 않고 원망심으로 독기를 내품는다면 네 자신을 죽이는 결과가 온다.

현실적으로 넌 그 아가씨를 어떻게 할 수가 있는 처지가 아니다. 때려 줄 수도 없고 같이 욕을 할 수도 없는 그런 상황이 아니냐?

애야, 요즘 암이 왜 그렇게 흔한 줄 아니? 다른 사람에 대한 원망심으로 과도한 스트레스를 받아 자신이 내품는 독기가 체내에 쌓여 암이 발생한단다.

따르릉 따르릉…….

"애야, 웬일이니?"

"아빠, 팀장이 내일 날짜로 잘렸대요. 미스 김도 사표 내고요."

사랑하는 딸아,

네 웃음소리가 예까지 들리는구나. 그게 그렇게 재밌니?

네 주변의 사람들이 너를 무시하고 멸시하더라도 절대로 원망하지 마라. 그들은 네 죄업을 소멸시켜 주는 고마운 존재란다.

만일 네가 그들에게 원망하는 마음을 품는다면 넌 현실적으로 어떻게 하지도 못하면서 네가 내품는 독기에 의해 자신을 죽이는 결과를 초래하게 된다. 그렇다면 차라리 참고 견디는 인욕의 그릇을 키우는 게 낫지 않겠니?.

사랑하는 딸들아,

이제 원망심으로 자신을 죽이는 어리석은 짓은 절대로 하지 않겠지? 깨달음이란 그런 것이란다.

고맙습니다

사랑하는 딸들아,

너는 시어머니 문제로 고민을 많이 하는구나. 네 시어머니가 그렇게 별난 사람이란 말이지. 난 괜찮아 보이던데. 아빠는 모르는 소리 하지 말라고?

그래, 결혼한 여자들에게는 시어머니가 참 껄끄러운 존재더구나. 네 엄마도 보니 그렇더라.

옛날 아빠 친구 중에 이런 사람이 있었다. 그는 대학교에 근무하고 있었는데, 형님 되시는 분이 미국으로 이민을 가서 둘째인 그 친구가 어머니를 모셨지.

그 친구 부인과 시어머니는 사이가 안 좋았어. 두 분 모두 좋은 분들인데 고부간에는 앙숙이었지. 시어머니와의 심한 반목으로 며느리인 친구 부인은 신경과민으로 병원에 입원까지 했어. 그리고 결국에는 '안면와사'라는 병에 걸리기도 했다.

그 친구가 참 딱했지. 생사를 건 여자들 전쟁에 말려든 아빠의 친구는 몹시 괴로워했어.

우연히 그 부인이 연대암이라는 암자에 갔다가 노장 스님을 만나게 되었다는구나. 그 부인은 울면서 노장 스님에게 자기의 고민을 하소연했다.

한참 이야기를 듣고 있던 노장 스님은 한 가지 방법이 있다고 말했다. 그 부인이 무슨 일이든지 하겠다고 대답을 하자, 노장 스님은 다음주 월요일부터 일주일간 법당에 와서 매일 1천 배를 하라고 말했다.

그리고 절을 할 때마다 반드시 '시어머니 고맙습니다'라고 소리 내 말해야 한다는 다짐을 받았다. 그래야 효과가 있다면서.

병이 난 그 부인은 하도 답답해서 월요일부터 법당에 나가 1천 배를 시작했다.

애야, 절하는 게 얼마나 힘 드는 줄 아니? 그게 보기에는 쉬운 것 같아도 아주 인내심을 요구하는 운동이란다. 1천 배를 하면 뛰어서 12킬로미터를 달리는 것 같은 힘이 들거든.

첫날 '시어머니 고맙습니다' 하고 1천 배를 하니 부인은 너무 힘이 들어 입에서 '시어머니 너무합니다' 소리가 절로 나왔단다.

부인은 1천 배를 하면서도 시어머니 때문에 이 고생을 한다고 생각하니 원망하는 마음과 증오심만 더 생겼단다. 그리고 그 늙은 땡 초에게 사기를 당한 것 같아 화가 나기도 했지. 그러나 팔순 노장 스님과 약속을 했으니 어떡하겠니?

이튿날 속는 셈치고 또 1천 배를 했단다. 시어머니 때문에 이 고생을 사서 한다고 생각하니 약만 더 올랐다.

그 부인은 목요일까지 그렇게 욕을 하며 절을 했고, 금요일이 되어 다시 1천 배를 하는데 갑자기 이런 생각이 들더란다.

정말 시어머니가 내게 한 번만이라도 잘해 준 적이 있었을까? 생각을 해보니 한 번은 있었다. 첫 아이 태어날 때 친정어머니가 바빠서 뒷바라지를 못해 준다고 거절했는데, 시어머니가 궂은일을 도맡아 모두 해준 적이 있었다.

그래서 1천 배를 하면서 곰곰이 생각해 보니, 그동안 잊고 있었지만 시어머니가 자기에게 고맙게 잘해 준 적이 몇 번은 있었던 거야. 그 다음날인 토요일, 그 부인은 1천 배를 다시 시작하면서 시어머니가 잘해 준 게 몇 번이나 되는지 세어 보았단다.

그렇게 헤아려 보니 셀 수도 없이 많더란다. 부인은 생각했지. 혹시 내게 문제가 있는 것은 아닐까? 그날 저녁 부인은 몸살로 끙끙 앓으며 밤을 지새웠다.

드디어 7일째, 마지막 날이 되었다.

'시어머니 고맙습니다'란 말을 수없이 외우며 1천 배를 하는데 갑자기 걷잡을 수 없는 울음이 터져 나왔다. 그동안 시어머니가 잘해 준 것도 참으로 많았는데 자기는 잘못해 준 것만 생각하고 있었다는 것을 깨달은 거지.

시어머니가 한 번도 잘해 준 적이 없다고 믿고 있었던 자신을 생각하며 부인은 뜨거운 눈물을 흘렸단다. 진심을 다해 '시어머니 고맙습니다'를 외치며 1천 배를 했다.

그때 부인은 깨달았단다. 시어머니도 살면서 배우고 깨닫는 부족하고 어리석은 사람이고, 자기도 또한 그런 사람이라는 것을 말이다.

그 부인이 그렇게 실컷 울고 땀으로 뒤범벅이 된 몸으로 비틀거리며 현관문에 들어서자 시어머니가 나오시면서 "얘야 어디 갔다 오니? 근간에 네 얼굴이 수척해 보여서 보약을 한 재 지어 왔다. 어디 아픈 것 아니냐?"라며 걱정스러운 얼굴로 보약을 내미셨단다.

사랑하는 딸들아,

네 시어머니도 결점이 많은 사람이고, 너도 부족한 게 많은 사람이란다. 너도 완벽한 며느리가 아닌데 왜 네 시어머니가 완벽한 사람이기를 바라니?

네 시어머니도 너처럼 수많은 시행착오와 실수를 하면서 배우고 깨닫는 어리석은 사람이란다.

시어머니와 며느리의 문제는 서로가 완벽하기를 바라는 욕심 때문에 생기는 거란다. 그 욕심을 버려라. 바라는 마음을 버려라.

갈등의 대상이 시어머니가 되든, 남편이 되든, 시누이가 되든, 친구가 되든, 혼자 거실에서 1천 배를 해보렴. 1천 배를 하는 데 3시간쯤 걸린단다.

"아빠, 1천 배를 했는데도 효과가 없었어요, 아빠 거짓말!"
"얘야, 네가 정말 방 안에서 1천 배를 했니? 정말 일주일 동안 그렇게 했단 말이지? 그런데도 효과가 없었어? 그럼 네 허리둘레를 재어 보렴. 32인치인 네 허리둘레가 26인치로 줄어들었을걸, 어허허……."

사랑하는 딸들아,
이제 시어머니와의 문제는 마음을 쓰지 않아도 되겠구나.
이 세상에는 완벽한 시어머니도 없고 완벽한 며느리도 없단다. 부족한 사람들끼리 만났으니 그저 '고맙습니다' 하고 고쳐 가며 살아라.

그거 아니?

사랑하는 딸들아,

오늘은 사람의 장점과 단점에 대해 이야기를 해보자. 인간은 누구나 장·단점이 있단다. 아빠가 누차에 걸쳐 이야기했지만, 이 세상에 완벽한 사람은 결코 없다.

너에게 이런 말을 하는 아빠도 장점보다는 단점이 더 많은 사람이란다.

젊은 시절, 아빠는 어떤 경험으로 아주 소중한 깨달음을 얻은 적이 있었다. 아마 지금쯤 됐을 거야. 그때도 무척 추운 12월이었지. 학교 일로 서울에 출장 갔다가 일을 마치고 급하게 청량리역으로 달려 나왔다.

모처럼 촌사람이 서울로 출장을 갔더니 정말 바쁘더구나. 밤 9시에 안동으로 내려가는 무궁화 열차를 타야 했어. 그걸 타야 집으로 돌아갈 수가 있었거든. 그땐 요즘과 달라 열차로 집까지 가는 데 영주까지 4시간이나 걸렸단다.

안동행 열차 출발시간이 임박해서 아빠는 허둥지둥 매표소로 달려갔다. 그리고 차표를 사려고 지갑을 찾았더니 없더구나. 지하철에서 지갑을 소매치기 당한 거야. 당황해서 어쩔 줄 모르고 서 있었는데 갑자기 등 뒤에서 "어머, 선생님 뭐 하세요?" 하고 부르는 소리가 들려 돌아보니 같이 근무하는 윤 선생님이 거기 서 있더구나. 왈칵 반가운 마음이 들었다. 또 한편으로는 반갑지 않은 마음도 들었고.

"뭐하세요?"

아빠는 윤 선생님께 소매치기를 당했다는 이야기를 했지. 그분은 빙그레 웃으며 차표 2장을 사시더구나. 우리는 5호차 24, 25호석에 나란히 앉았다. 아빠가 그녀에게 물었지. 서울은 어쩐 일이냐고. 윤 선생님은 서울이 집이라고 했다. 그리고 월요일에 출근하기 위해 봉화로 내려간다고 말했지.

"어머, 내 정신 좀 봐."

그녀가 황급히 자리에서 일어섰다. 그리고 어디론가 사라졌어. 잠시 후 그녀는 도시락 한 개와 음료수 한 병을 사 가지고 와서 "지갑을 잃었으니 저녁도 못 드셨잖아요" 하며 아빠에게 내밀었다. 그리고 가족처럼 이것저것 챙겨 주며 음식을 권하더구나. 아빠는 배가 고파 허겁지겁 도시락을 먹으면서 만감이 교차했다.

왜 그런지 아니?

금년 봄에 아빠가 근무하는 산골 학교에 40대 초반의 여교사 한 분이 부임하셨어. 그 학교는 교직원수가 11명인 아주 작은 학교였어. 봉화에서도 산골 오지 학교니까 그랬지. 그분이 부임하기 전까지는 식구가 단출하여 모두 한 가족같이 잘 지냈어. 그런데 그 선생님이 부임하시자 학교 분위기가 이상해졌다.

그분은 직장 동료들과 사이가 좋지 못했다. 그 선생님은 성격이 괴팍하고 아주 이기적이었다. 사사건건 동료들과 시비를 벌이고 사소한 일에도 화를 내며 달려들었어. 교직원 모두는 그녀와의 대화를 기피했지. 아빠도 그녀에게 몇 번 당했단다.

그녀는 곧 요즘말로 왕따를 당했지. 원로 교사들과도 시비를 벌이고 젊은 교사들과도 사이가 안 좋았다. 교직원 모두가 아침에 그녀를 만나도 인사조차 나누지 않을 정도였어.

아빠가 도시락을 먹고 나자 그녀가 음료수를 챙겨 주며 자기 신상에 대한 이야기를 시작했다. 이혼을 했다는 이야기도 했고, 사람들이 싫어 서울에서 산골 학교로 자원했다는 이야기도 했다. 그리고 자기가 너무 못되게 굴어 동료들을 힘들게 해서 미안하다고 말했다.

평소에 아주 못되고 괴팍하며 이기적인 그녀도 낯선 객지에서 만나니 아주 평범하고 다정한 직장 동료였다.

이튿날 아침 산골 학교에서 만났을 때 아빠는 고맙다는 인사와

함께 그녀에게 열차요금 7천원과 도시락 대금 2천원을 건네 주었다. 그런데 그녀는 한사코 거절하며 받지를 않았어. 할 수 없이 아빠가 "오늘 점심은 제가 살게요" 했다. 같이 근무하던 동료 분들이 모두 이상한 눈초리로 우리를 보더구나. 어떤 분들은 노골적으로 두 사람 사이에 무슨 일이 있었냐고 묻더구나.

그래서 아빠가 청량리역에서 있었던 이야기를 모두에게 말해 주었다. 그 이야기를 듣고 다른 분들이 모두 놀라워하더라. 그녀에게 그런 인간적인 면이 있는 줄은 몰랐다고 하면서 말이다.

우린 모두 그녀의 결점만 보아 왔지, 그분의 장점은 한 번도 보려고 하지 않았다. 더구나 이혼을 했다는 그 경력이 보수적인 학교 사회에서는 큰 결점으로 보였다. 당시만 해도 지금과 달라 이혼한 사람들이 드물었거든.

그 사건 이후로 직장 동료들은 모두 그녀를 보는 눈이 달라졌다. 그리고 그분의 행동도 아주 달라졌어. 그리고 이듬해 그분이 강원도 강릉으로 전출 갈 때는 모두가 이별을 아쉬워하며 서운해 했단다.

사랑하는 딸들아,

아빠가 이 이야기를 하는 이유는 네가 못난 아빠처럼 같은 실수를 반복하지 않길 바라기 때문이란다. 사람은 누구나 장점과 단점이 있단다. 그러나 사람은 그 사람의 좋은 점보다 나쁜 점만을 보려 하더구나.

아빠도 직장에서 그녀의 나쁜 점만 보는 실수를 범했어. 좋지 못한 편견으로 그녀의 좋은 점은 보려고 하지 않고 결점만 보았다. 그래서 그분은 자기 방어를 하려고 애를 썼고.

사람의 모든 행동은 상대적이란다. 내가 이렇게 행동하기 때문에 상대가 저렇게 행동하는 것이란다. 내가 이렇게 상대방의 장점보다 단점을 들추니 상대방도 내 단점을 말하게 되는 것이다. 반대로 내가 상대방의 장점을 보게 되면 상대방도 내 장점을 말하게 된다.

사람은 누구나, 장점만 가진 사람도 없고 단점만 가진 사람도 없다. 살아가면서 자신의 장·단점을 고쳐 가며 살 뿐이란다. 그게 인간의 한계란다.

애야, 명심해라. 상대방의 저 허물이 바로 내 허물의 그림자란다.

고무줄과 같다

사랑하는 딸들아,

연말이 가까워지니 연하장이 오는구나. 크리스마스 카드를 보니 문득 옛날 생각이 난다. 아빠는 어떤 크리스마스 카드보다도 옛날 너희들이 직접 그림을 그리고 글씨를 써서 만들어 주었던 카드가 제일 좋더구나.

너희들이 아빠에게 만들어 주었던 그 카드들이 모두 어디 있는 줄 아니? 아빠의 서재에 소중하게 보관되어 있단다.

이 글을 쓰는 지금도 그 카드를 꺼내 보며 혼자서 빙그레 웃는다. 고사리같이 작은 손으로 크레파스를 들고 그린 하트 모양의 그림과 '아빠, 사랑해요'라는 글씨.

이 카드를 받은 그때가 아빠에게는 가장 좋은 시절이었다. 아빠와 엄마는 젊었고, 너희들은 건강하게 잘 자랐으며, 집안은 언제나 웃음꽃으로 가득 차 있었지.

얘들아.

그 옛날, 너희들이 아빠에게 주었던 크리스마스 카드 정말 고맙다. 그땐 아빠가 사느라고 바빠서 고맙다는 인사도 제대로 못했구나.

이런, 아빠가 무슨 말을 하고 있는 거지? 오늘은 자존심에 관해 네게 이야기를 들려주기로 했는데 옆길로 들어섰구나.

오늘 아침, 아빠가 농협 부근 약국 앞에 차를 잠시 주차하려는데 젊은 아가씨가 나오면서 못 세우게 하더구나. 아빠가 3분간만 차를 세우자고 부탁을 했는데도 그 아가씨는 매몰차게 안 된다고 거절을 하더라. 아빠는 갑자기 자존심이 팍 상했지.

자존심이란 고무줄과 같아서 입으로 조금만 튕겨도 '팅' 하고 울리면서 소리를 낸단다.

사람을 가장 화나고 약 오르게 하는 방법이 뭔 줄 아니? 자존심을 건드리는 거란다. 자존심이란 고무줄은 손끝으로 조그만 튕겨도 파르르 떨리며 사람을 화나게 만든단다.

특히 여자들은 외모에 대해 건드리면 더 하더구나. 남자들은 그 놈의 자존심, 눈에 보이지도 않은 그 자존심 때문에 살인도 한단다.

몇 해 전에 모 검찰 지청에 이런 일이 있었단다. 고등학교를 갓 졸업한 청년과 그보다 두 살 더 많은 선배 청년이 있었다. 두 사람은 초등학교 때부터 선후배 지간이며 이웃사촌이었다.

두 사람이 우연히 동네 포장마차에서 만났어. 서로 반가워하며 후배가 "형, 소주 한 병만 사줘" 하자 선배 청년은 동네 후배에게 술을 사줬다. 두 사람은 재미있게 놀았지. 그런데 술이 취한 후배가 자리에서 일어서며 "동철아, 술값 4천원은 네가 내" 하고 말했다. 순간 선배는 "뭐야, 임마!" 하고 포장마차 칼로 그 후배 청년의 배를 찔렀단다.

조서를 작성하던 검사가 기가 막혀 그 청년에게 세상에 술값 4천원 때문에 후배를 칼로 찔러 죽이는 사람이 어디 있느냐고 한탄을 하자, 그 청년이 목 놓아 울면서 이렇게 대답했단다.

"검사님, 술값 때문에 찌른 게 아녜요."

"그럼 뭐야?"

"자식이 자존심을 건드리잖아요. 처음에는 형이라고 부르다가 일어날 때는 동철아 하고 부르면서 약을 올렸어요."

"그래서 죽였나? 그까짓 이름 좀 부른다고?"

자존심이 상한다고 사람을 죽이더구나. 모양과 형체도 없는 자존심을 잘못 건드려서 사람이 죽더구나. 도대체 자존심이 뭔데?

사랑하는 딸들아.

누가 네 자존심을 건드리거든 모양도 없고 형체도 없는 그 자존심의 실체를 잘 생각해 보렴. 그리고 네 마음속의 고무줄이 상대방의 입술 끝 하나에 파르르 떨리지 않도록 항상 중심을 잘 잡으렴.

그리고 애야, 항상 명상하고 정진하렴. 정진하는 사람들은 자존심을 건드린다고 고무줄처럼 그렇게 파르르 떨지 않는단다.

정진은 바로 참고 견디는 인내심을 키워 주기 때문이란다. 가부좌를 하고 명상하는 일은 인내심이 많이 필요하거든.

사랑하는 애야,

이제 넌 그런 이치를 알았으니 누가 네 자존심을 건드려도 절대로 약이 오르지 않겠구나.

이번 이야기는 아빠에게 수업료를 줘야 한다고? 애야, 그런 소리 하지 마라. 아빠는 이미 20년 전에 다 받았다. 초등학교 3학년 때 네가 손수 아빠에게 만들어 준 크리스마스 카드 있지? 그걸 보면 지금도 아빠는 행복하단다.

입 속에 숨어 있는 불꽃

사랑하는 딸들아,

을유년 한 해가 저물고 내일이면 병술년 새해가 되는구나. 세월 참 빠르다. 누가 말하더구나. 20대는 20킬로로 달리고, 30대는 30킬로, 60대는 60킬로미터로 달린다고. 참 실감 나는 말이구나.

병술년은 12진법 중에서도 개의 해로구나. 개는 주인에게 충성을 하고 불의를 보면 못 참는 버릇이 있지. 하지만 또한 개는 온갖 것을 간섭하는 못된 성품도 가지고 있단다. 그래서 눈에 보이는 모든 것에 시끄럽게 짖어대며 간섭을 한다.

개의 언어는 단순히 짖는 것이지만 사람의 언어는 말이구나. 사람은 3가지 방법으로 남을 해칠 수가 있단다. 몸으로, 마음으로, 말로 타인을 해칠 수가 있다.

〈아들에게 주는 글〉에서도 말한 바가 있다만, 횟집에서 주인이 수족관에서 유유히 헤엄을 치고 있는 송어를 가리키며 "어느 놈을 잡을까요?" 하고 물었을 때 네가 손가락으로 "저 놈이오" 하고 말하면, 넌 몸과 입으로 한 생명의 목숨을 빼앗는 결정을 하게 되는 거란다.

애야, 사람의 입 속에는 독사가 살고 있다. 내 말이 독이 되어 다른 사람을 해치거나 상대방의 말이 독이 되어 나를 해칠 수가 있다. 그래서 현자들은 말을 하지 않는 묵언 수행을 해왔다.

사랑하는 딸들아,

네가 주변 사람들에게 인기 짱이 되는 비결이 뭔 줄 아니?

그 비결은 간단하다. 다른 사람들과 대화할 때 30%만 말하고 70%는 들어주렴. 그럼 넌, 네 주변에 있는 모든 사람들로부터 인기 짱이 된단다.

사람들은 천성적으로 자기 말을 들어주는 사람을 제일 좋아한다. 상대방의 말을 들어주는 것은 그 사람의 의견에 공감하거나 동조한다고 생각을 하게 되거든. 쉽게 말하면 자기 편이라고 생각을 하는 거지.

넌 그저 고개만 끄덕끄덕 하고 있어도 상대방은 자기 말을 믿는 것으로 생각하며 숨김없이 모두 말을 한다.

선거 때 후보자들의 T.V 토론을 할 때 보렴. 상대방의 말을 듣기보다는 자기 말로서 상대방을 설득하려고 기를 쓰고 있지 않니.

물론 고개만 끄덕끄덕 하며 가만히 있는 것도 쉽지는 않단다. 간사한 그 입이 간지러워서 잠시도 가만 있지 못하거든.

상대방에게 말할 때는 꼭 명심하렴, 네 혀끝에는 감로수와 독약이 함께 있단다. 넌 세 치 혀로 송어뿐만 아니라 사람도 죽일 수가 있음을 항상 명심하렴.

네 입 속에 숨어 있는 불꽃으로 상대방뿐만 아니라 네 자신도 태울 수가 있음을 항상 잊지 말아라.

그리고 애야, 말을 할 때는 가려서 하도록 하렴. 거짓말을 하거나 함부로 말해 버릇하면 못쓴다. 옳은 말을 하는 것은 감로수가 되지만, 망언을 하면 불꽃이 되어 자신을 태울 수도 있기 때문이다.

사랑하는 딸들아,

한 해를 보내며 아빠가 네게 줄 수 있는 것이 아무것도 없구나. 하지만 아빠가 인기 짱이 되는 비결을 알려 주었으니 그걸로 대신하자꾸나.

무얼 줄까, 무엇을 베풀까

사랑하는 딸들아,

사람들이 새해 인사를 할 때 모두 "새해 복 많이 받으세요"라고 하더구나. 아빠도 그런 인사를 많이 받았다.

그런데 아빠는 이런 인사를 좋아하지 않는단다. 애야, 너도 메일을 보냈는데 그렇게 썼더구나.

사람이 타고난 복은 그 사람이 가진 컵에 담긴 물과 같단다. 소주잔처럼 작은 잔에 자꾸 물을 담으면 어떻게 되겠니? 물이 넘치겠구나.

애야, 그때부터는 화가 된단다. 사람은 누구나 밥그릇만한 컵이나 맥주 컵, 소주 컵처럼 제마다 타고난 복에 따라 자기 그릇을 가지고 태어난다.

소주잔을 가진 사람이 로또에 당첨이 되면 어떻게 되는 줄 아니?

복이 화가 되어 자신을 망친단다.

　네 주변의 사람들을 잘 관찰해 보렴. 어떤 사람은 남에게 주는 것을 좋아한단다. 반대로 자꾸 받는 걸 좋아하는 사람들도 있단다.

　주는 걸 좋아하는 사람은 자기 잔에서 계속 물질을 퍼내어 남에게 주는 데도 빈털터리가 되지 않고 계속 줄 것이 있다. 왜 그런지 아니? 남에게 베풀기 때문이란다.

　반대로 받는 것을 좋아하는 사람들은 남에게 자꾸 받아 자기 잔에 물이 가득 찼을 때 그게 화가 되어 모든 것을 잃게 된단다. 뇌물을 받은 정치인들을 보렴.

　아빠는 살아오면서 그런 것을 주변에서 많이 보았기 때문에 이런 글을 남긴다.

　사랑하는 딸들아,

　넌 어느 정도 크기의 잔을 가지고 태어났다고 생각하니? 그건 아무도 모른단다. 그래서 항상 네 잔이 넘쳐 흐르지 않도록 조심하라고 당부를 하는 것이다.

　네 주변 사람들에게 무엇을 줄까, 아니면 무엇을 배울까, 항상 생각을 하렴. 아무리 보잘 것 없는 사람이라도 배울 것이 있단다. 남에게 준다는 것은 집을 팔아서 주라는 말이 아니고, 작은 것이라도 남을 배려하고 베푸는 마음을 가지라는 것이다.

　받는 것만 좋아하는 사람은 어떻게 되는지 아니? 고속버스 터미

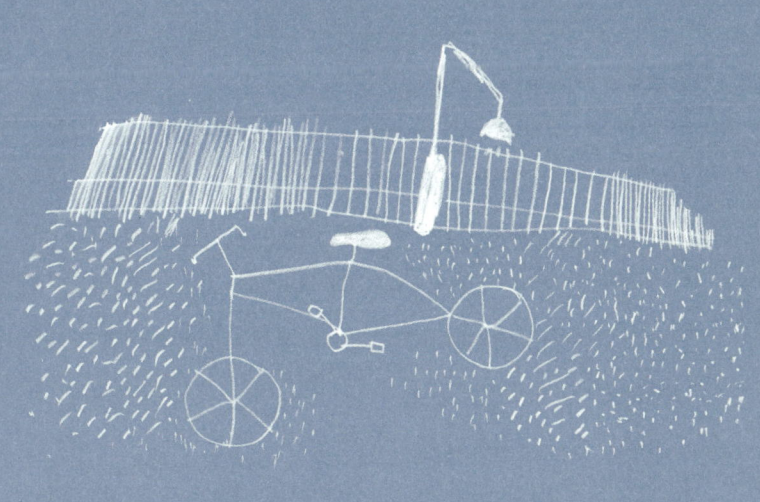

널이나 지하철 역 계단에 가 보렴. 받는 걸 좋아하는 사람들이 그런 곳에 살고 있지. 사람이 남에게 자꾸 받는 걸 좋아하다 보면 자기도 모르게 거지 근성을 가지게 된단다.

그런 분들 중에서 지혜가 밝은 분은 자기가 받은 것보다 더 많은 것을 남에게 베풀어 이름을 남긴 분도 있단다. 음성 꽃동네가 그렇게 해서 생겼지.

사랑하는 딸들아.

절대로 남에게 받는 걸 좋아하지 마라. 네 복의 잔이 소주잔처럼 작다면 어느 날 그 잔이 넘쳐 화를 자초하게 될 거다.

젊은 시절, 아빠는 생활이 어려워 남에게 베푸는 걸 좋아하지 않았다. 그런데 엄마는 남에게 주는 걸 좋아하더구나. 처음에는 엄마를 이해할 수가 없었다. 너희들도 그것 때문에 엄마와 아빠가 자주 다투는 걸 본 적이 있겠구나.

그렇게 살다가 아빠의 잔이 넘쳐 흘러 어떻게 되었는지 너희들은 모두 봤겠구나. 그때 엄마가 아빠 잔에 넘치는 물을 자꾸 퍼서 남에게 베풀지 않았더라면 큰일 날 뻔했지. 그게 바로 엄마가 아빠보다 더 큰 잔을 가지고 태어났기 때문이란다.

현대를 사는 사람들은 누구도 큰소리 치며 살 수가 없단다. 교통사고, 보증, 화재, 지하철 사고, 항공기 사고, 가스 폭발, 전철 사고…… 무엇을 믿고 난 괜찮다고 큰소리 치며 살겠니? 남에게 주기 싫어 그렇게 아끼던 사람들도 보증 한번 잘못 서 모든 것을 한꺼번에 잃어버리더구나.

   사랑하는 딸들아,
   아빤 새해 인사로 "복 많이 받으세요" 하는 것보다 "복 많이 지으세요" 하는 소리가 듣기 좋더구나.
   사랑하는 딸들아,
   '새해에는 미연에 복 지이 민지 화(새앙)부터 끊으렴.'
   사람을 만나거든 항상 무엇을 줄까, 베풀까, 배울까를 먼저 생각하도록 하렴.

정말 있을까

사랑하는 딸들아,

내세는 정말 있을까?

아빠가 갑자기 이런 무거운 주제로 네게 글을 남기는 까닭은, 이 글들은 아빠가 60 평생을 살아오면서 터득한 삶의 지혜이며 가치관이기 때문이란다. 그래서 오늘은 이 이야기를 네게 일러두고 싶구나.

T.V 프로그램 중에 '스타의 전생 찾기' 라는 것이 있더구나. 최면을 걸어 전생을 찾아가는 프로더라. 너, 그거 진짜라고 믿니?

현자들이 남긴 경구 중에 '전생 인을 알려거든 금세 받는 그것이요, 미래 생을 알려거든 금세 짓는 그것' 이라는 말이 있단다.

이런 테마에서는 인종, 종교, 민족, 영토에 따라 다소 견해의 차이가 날 수 있단다. 여기선 아빠가 쓴 『영혼중개사』를 중심으로 네게 말해 주마.

이건 아빠 개인의 소견이니 이해하고 잘 들어 보렴. 사람에 따라 다른 견해를 가질 수가 있단다.

사랑하는 딸들아,

아빠는 60 평생을 살아오면서 지금까지 내세에 갔다온 사람을 본 적이 없다. T.V를 보니 내세를 다녀왔다고 말하는 사람들도 많이 있더구나.

아빠는 그런 이야기를 믿지 않는단다. 8mm 비니오카메라로 찍어서 직접 보여 준다면 몰라도 말이다. 그렇다고 아빠가 내세의 존재를 믿지 않는 것은 아니란다. 오히려 아빠는 내세의 존재를 믿는단다. 만일 내세가 존재하지 않았더라면 인간은 현재까지 존재하지 못했을 것이다. 게다가 내세를 전제로 한, 모든 종교는 없어졌을 것이다. 만일 내세가 존재하지 않는 것으로 밝혀졌다면 인간은 악도를 행하여 서로 자멸했을 것이다. 그리고 인간의 역사는 중단되었을 것이다. 그게 아빠가 내세가 있다고 믿는 가장 큰 이유란다.

대다수의 인간들이 신과 내세의 존재를 믿었기 때문에 오늘날까지 살아남았고, 인류의 역사는 기록으로 남겨졌단다.

아빠가 쓴 『영혼중개사』에서 왜 내세가 존재한다고 믿었는지 그 이유부터 설명해 주마.

모든 생명체는 태로 생기는 것, 알로 생기는 것, 습기로 생기는 것, 화하여 생기는 것, 형상이 있는 것과 없는 것, 생각이 있는 것과 없는 것들 중, 인간은 엄마 뱃속에서 10개월, 현세에서 70년을 산단다. 여기까지가 우리가 눈으로 직접 보는 현실 세계란다.

보통 태아가 엄마 뱃속에서 5개월 정도 지나면 밤과 낮을 구분하고 엄마가 태교로 교육도 시킨다. 그러나 8개월 정도 되면 태아는 감정을 표현하는 하나의 독립된 생명체로 본단다. 그리고 10개월이 되면 엄마 뱃속에서 출생을 하게 되지.

그러나 출생을 태아의 입장에서 보면, 엄마라는 뱃속(지구)에서 10개월을 살고 사망(출생)을 당한 것이란다. 다른 말로 표현하면 출생(뱃속)이라고 부르는 이름으로 내세(지구)로 온 것이다.

마찬가지로 지구라는 엄마 뱃속에서 다시 70년을 살다가 우리가 사망(내세로의 출생)이라고 부르는 이름으로 지구라는 뱃속을 떠나간다.

그리고 다시 내세라는 곳에서 출생을 하게 된단다. 이게 바로 아빠가 내세의 존재를 믿는 가장 큰 이유란다.

사랑하는 딸들아,

여기서 가장 중요한 핵심은 교육이란다. 엄마 뱃속에서 10개월을 받은 태교(교육)는, 지구라는 엄마 뱃속에서 70년 동안 살 때 아주 중요한 역할을 한다. 근간에 태교의 중요성에 대해 강조하는 까닭이 여기 있다. 넌 엄마이니 잘 알겠구나.

마찬가지로 지구라는 엄마 뱃속에서 70년 동안 받은 교육은 내

세에서도 무척 중요한 역할을 한다. 지구라는 엄마도 그걸 잘 알고 있단다.

그 이유는 내세로 간 신생아는 지구라는 엄마 뱃속에서 70년 동안 받은 교육의 결과에 따라 그곳에서 자기와 유사한 집단들의 영혼을 찾아내기 때문이다. 지구에서 좋은 일을 하면서 70년을 보낸 영혼은 A급 부류에, 하는 식으로 말이다.

그곳에는 최고에서 최저까지 여러 집단이 있는데, 지구에서 70년 동안 공부한 성적에 따라 가기 때문에 어느 누구도 사기를 치지 못한다. 『영혼중개사』에는 그것을 '동종집합의 원리'라고 부른단다.

그리고 그곳에서는 대략 30년 정도 공부하고 다시 자기 영혼의 진화를 위해 엄마(지구) 뱃속으로 돌아오는데, 지구에서 70년 동안 공부한 성적에 따라 돌아오지 못하는 영혼들도 아주 많이 있단다. 불가에서는 그것을 '윤회'라고 부르더구나.

아빠도 저편에서 30년이라는 기간이 소요된다는 것은 최근에야 알았단다. 『영혼중개사』를 집필할 때만 해도 그건 몰랐다. 내세에서 현세로 돌아오는 기간은 자기가 가진 근기와 수행의 정도에 따라 차이가 많단다.

지구라는 행성에 다시 돌아오는 방법은 대략 세 가지로 알려져 있다.

첫째는 지구에서 보낸 70년 동안 영혼의 수행 근기에 따라 바로 돌아온 영혼, 달라이 라마 같은 사람이 그렇지. 이런 분류의 영혼은 자유자재로 이편과 저편을 다닐 수 있다고 한다.

둘째는 49일 동안 영혼세탁소를 거쳐 지극한 염원에 의해 다시 돌아오는 영혼. 지구에서 70년 동안 수행만 한 사람들.

셋째는 자기도 모르게 다시 돌아온 영혼들. 대다수 사람들은 이 그룹에 속한단다.

사랑하는 딸들아.

아빠가 여기서 네게 일러 주고 싶은 이야기의 요점은 두 가지란다.

첫째는 내세의 존재를 믿으라는 것이다. 그래야 너는 나쁜 일을 행하지 않고 맑고 깨끗한 영혼을 유지할 수가 있다. 비록 그것이 없다고 해도 그렇게 믿어야 한단다. 정말 내세가 없다면 인간의 존재도 없어지고 역사도 없어지기 때문이다.

둘째는 지구라는 엄마의 뱃속에서 70년 동안 네 영혼의 진화를 위해 공부할 때 항상 정성을 다하라는 말이다. 『영혼중개사』의 가장 큰 핵심은 '영혼 진화론'이란다.

내세로 간 영혼은 지구라는 학교에서 70년 동안 공부할 때 자기 영혼을 좀더 진화시키지 못한 것을 제일 후회한단다. 그래서 저편에 있을 때 지구라는 내세에 가면 이번에는 반드시 더 고급 영혼으로 진화를 이룩하겠다고 결심하지만, 막상 이편에 와서는 또다시 쾌락에 빠져 그걸 잊게 된단다. 왜 성직자들이 지구에서 모든 것을 포기하고 그 길을 택하겠니? 그들은 영혼 진화의 핵심을 잘 알기 때문이란다.

그러나 대다수의 영혼들은 지구에 다시 돌아왔을 때 저편에서의 그 모든 걸 잊고 다시 악도를 행하여 퇴보한 영혼으로 되돌아간단다. 그래서 현자들은 이런 경구를 남겼단다.

> 차신불향금생도(此身不向今生度),
> 갱대하생신도차신(更待何生度此身)

> 이 몸을 이생에서 제도하지 못한다면,
> 어느 생을 기다려 다시 이 몸을 건지오리.

사랑하는 딸들아,

지구라는 엄마 뱃속에서 70년 동안 살 때, 네 영혼의 진화를 위해 부지런히 노력하렴. 그것이 종교가 되든, 학문이 되든, 그 무엇이 되든, 자신과 이웃들의 진화를 위해 부지런히 노력하고 정진해야 한다.

그럼 넌 지구라는 엄마의 뱃속을 떠나갈 때 결코 네 자신을 후회하지 않을 것이다. 또한 다음 세계로 떠나갈 때 웃으면서 갈 수가 있을 것이다.

한 가지만 잘해라

사랑하는 딸아,

네가 고등학교 3학년이 되었을 때 아빠가 퇴근하여 집으로 돌아오니 엄마가 걱정스러운 얼굴로 이야기하더구나. 네가 방 안에서 울고 있다고.

넌 그때 고등학교 2학년에서 3학년으로 진급하면서 보통반에서 특수반으로 편성되었다고 하더구나. 네 학교는 8학급 중 2학급이 특수반이라지. 특수반은 대학 입시를 위해 별도로 관리를 하는 반이더구나.

아빠가 네 방으로 들어가서 왜 우는지 그 이유를 물었을 때, 넌 울어서 퉁퉁 부어오른 얼굴로 이렇게 대답을 했지.

"전 특수반에 가면 꼴지 한단 말이에요, 그 애들이 얼마나 악착같이 공부하는데. 전 그냥 보통반에 있고 싶어요, 으흑흑."

그때 기억하니? 넌 그때 특수반에 가는 걸 몹시 두려워하더구나. 그때 아빠가 네게 말했지.

"특수반에서 들어가서 열두 가지를 모두 잘할 필요는 없다. 넌 보통반에서처럼 한 가지만 잘하면 돼."

사람은 누구나 다른 사람들보다 뛰어난 한 가지 재능을 가지고 태어난단다. 네가 가진 재능을 믿으렴. 너도 다른 사람들보다 더 뛰어난 한 가지 재능을 가지고 있단다. 그게 무엇인지 잘 찾아보렴.

국, 영, 수 등 학교 공부 열두 가지 모두를 잘할 필요는 없다. 아인슈타인은 수학과 물리만, 빌게이츠는 컴퓨터만, 조수미는 노래만 잘하면 된다.

지금 세상에서는 모든 것을 잘하는 것보다는 한 가지만 잘하면 된다고 아빠는 생각한다. 야구만 잘하면 박찬호가 되고, 축구만 잘하면 박지성이 되는 세상이다.

그런 세상에서 넌, 네 아이가 열두 가지 모두를 잘하도록 바라고 있더구나.

우리나라 교육은 학생들에게 모든 것을 다 잘하도록 요구를 한다. 넌 그렇게 모든 것을 다 잘할 수가 있니? 없지? 그럼, 네 자식들에게도 그런 걸 바라지 마라. 왜, 네가 하지 못하는 것들을 네 자식들에게 강요하니?

네 자식들의 장래를 위해서라고? 네 욕심이 아니고? 그럼 네가 직접 해보렴. 네가 못하는 것들은 네 자식들도 못한단다. 우리 애는 다르다고? 글쎄다! 조금도 다르지 않다.

딸들아,

네 자식들에게 너무 공부를 강요하지 마라. 네 아이들이 무엇을 좋아하고 잘하는지, 그것만 잘 관찰해 보렴. 네 아이가 어떤 재능을 가지고 태어났는지 잘 살펴보거라. 그리고 그 애의 재능을 살리고 개발하는 데 최선을 다하려므나. 사람은 자기가 좋아하는 걸 하면서 평생을 사는 게 가장 행복하단다.

네가 올라가지 못한 과일나무에 네 아이들이 올라가도록 강요하지 마라. 그 대신 그 애가 가진 재능을 최대한 개발하여 과일나무에 올라가지 않고도 과일을 따는 방법을 가르쳐 주렴.

그럼 어느 날 너는, 그 애가 과일나무에 힘들게 올라가지 않고서도 과일을 따서 네게 가져 오는 것을 볼 수가 있을 것이다.

사랑하는 딸들아,

이 세상은 열두 가지 모두를 잘하는 사람들이 이끌어 가는 것이 아니다. 한 가지만 잘하는 사람들이 세계를 선도한단다.

마음속에 있다

사랑하는 딸들아,

사람들이 왜 해가 뜬다거나 해가 진다고 말하는지 모르겠구나. 해는 한 번도 지거나 뜬 적이 없단다. 해는 언제나 그 자리에 있고 지구가 제 스스로 자전을 하거나 공전을 해서 밤과 낮이 생겨난 거지. 마찬가지로 지구는 언제나 그 자리에 있는데 사람들이 하루 24시간을 만들어 그렇게 적용하며 바쁘게 살아가는구나.

그저께 아빠가 서울을 갔는데 동서울 버스터미널까지 가는 데 2시간 30분이 걸렸단다. 상경할 때 버스에 타고 앉아 있으니 허리도 아프고 좀도 쑤시고 무척 지루하더라. 시간이 무척 더디게 가더구나. 창 밖을 한참 내다보다 시계바늘을 다시 보니 겨우 5분이 지나갔더구나.

그런데 볼일을 마치고 내려오는 길엔 고단해서 잠시 눈을 붙인 것 같았는데 깨어 보니 어느새 집 앞 버스터미널에 도착했더라. 2시간 30분이 그렇게 빨리 지나간 것도 처음이란다.

똑같은 2시간 30분인데 한 번은 아주 지루했고 또 한 번은 아주 짧더구나. 시간은 한 번도 빨리 가거나 늦게 간 적이 없는데, 단지 아빠 마음이 시간을 빨리 가게 하거나 늦게 가게 했구나.

시간은 영겁의 세월을 흘러가도 한 번도 멈춘 적이 없단다. 단지 오늘을 사는 우리가 즐거울 때는 시간이 빨리 가는 것 같고, 괴로울 때는 더디게 가는 느낌을 가지게 된다.

딸들아,

네가 가진 시간을 빨리 가게 하거나 늦게 가게 하는 것은 순전히 네 마음이 결정하는 것이란다.

이 세상을 살아가는 것이 고생이고 고통이라고 생각하면 시계바늘은 아주 더디고 천천히 간단다.

그런데 사는 것 자체가 즐겁고 행복이라고 생각한다면 시간은 빨리 간단다. 재미있는 영화 한 편이 시계 바늘을 얼마나 빨리 돌아가게 하는지 너도 알지?

넌 30쪽짜리 시간 수첩을 가지고 있지만 아빠는 60쪽짜리 시간 수첩을 가지고 있단다. 사람들은 그걸 '나이'라는 이름으로 부르더구나.

사랑하는 내 아가야.

아빠의 시간 수첩 속에는 아직도 넌 여중생이구나. 아침이면 교복을 입고 발을 동동 구르며 버스 시간에 늦겠다고 야단 치던 모습이 그대로 남아 있단다.

그런데 어느새 넌 성인이 되었고 아빠는 노인이 되었구나. 아빠는 지난 60 평생이 마치 여름 한낮의 짧은 꿈처럼 느껴진단다.

수많은 은하계의 잔별 속에서 너와 난 부녀지간으로 만났구나. 아빠는 네가 아기 때부터 성인이 된 지금까지 옆에 있어서 행복했다. 네가 아빠에게 준 사랑과 애정을 아빠는 항상 고맙게 생각한다.

사랑하는 딸들아,

명심하렴. 시간은 언제나 네 마음속에 있다. 저 넓은 우주의 태양처럼 넌 한 번도 다른 사람이 된 적이 없다.

언제나 네 마음속의 시계바늘을 잘 살펴보렴. 그리고 그 시간을 소중하게 생각하렴. 시계바늘에 따라 너를 찾아왔던 사람들과 흩어진 사람들을 잊지 말고 기억하렴.

그리고 네가 가진 시간이 더디고 고통스러운 삶이 되지 않도록 항상 마음을 잘 다스려 나가렴. 그럼 네 시계바늘은 항상 기쁘고 즐거운 날들을 가리키고 있을 것이다.

그거 살 때 말이다

사랑하는 딸들아,

오늘 아침 일어나 거실에 나오니 몽실이 집 옆에 빨간색 쇼핑 봉투 하나가 있더구나. 이상해서 봉투 속을 들여다보니 네가 고등학교 때 입었던 검정색 교복 상의가 들어 있더라. 아빠가 꺼내들고 보니 옷이 무척 작은 것 같았어.

넌 매일 아침 이 교복을 입고 학교로 갔지. 무거운 책가방과 도시락을 등에 메고 비좁은 버스 칸에서 여럿이 부대끼며 학교로 갔겠구나.

아마 이 교복은 1학년 땐 네게 무척 컸을 거야. 3학년 때는 옷이 작았고. 아빠는 닳아서 헤진 네 교복 오른쪽 소매 끝을 만져 보며 생각에 잠긴다. 엄마는 이 교복 상의 하나로 네 고등학교 때 옷을 모두 해결했었지.

아빠는 이 교복을 버리기가 싫구나. 3년 동안이나 네 작고 여린 몸집을 가려 줬던 고마운 교복을 어떻게 함부로 버리겠느냐?

그런데 애야, 이건 또 뭐니? 개집 바닥에 깔아놓은 노란색 오리털 점퍼는 네가 가장 아꼈던 점퍼가 아니냐? 지난 밤 추위 때문에 엄마가 몽실이 춥지 않게 개집 바닥에 깔아 준 모양이구나. 아무리 그래도 그렇지, 입지 않는 옷이라고 해도 애들이 입던 옷을 함부로 취급하다니…….

개집 바닥에 깔아놓았던 노란색 점퍼를 꺼내들었나. 그리고 옷깃을 만지며 한동안 생각에 잠겼다.

옛날, 멀지 않은 그 옛날. 아빠가 사랑하는 딸이 처음으로 고등학교에 들어갔구나. 아빠는 나날이 커가는 딸을 보면 무척 좋아했지.

그런데 어느 날, 그 딸이 노란색 오리털 점퍼를 무척 입고 싶어하더구나. 식구들이 모여 저녁밥을 먹는 자리에서 그 딸은 중앙통 수정 양품점에 걸려 있는 노란색 오리털 점퍼가 얼마나 예쁜지 입이 닳도록 이야기하며 무척 갖고 싶어했지.

아빠는 딸에게 귀엣말로 내일 학교를 마치고 중앙통에서 만나자고 했다. 그리고 둘이서 그 양품점엘 갔었지. 아빠가 양품점 주인에게 진열대에 걸려 있는 노란색 오리털 점퍼의 가격을 물었을 때 5만원이나 달라고 하더구나. 당시만 해도 아주 비싼 옷이었지. 갑자기 딸이 아빠에게 말했다.

"아빠. 이 점퍼 마음에 안 들어요. 그만 집으로 가요."

그러더니 아빠 손을 자꾸만 잡아당기더구나.

그래도 아빠는 딸을 달래며 가게 주인에게 사정을 했다. 돈이 4만원뿐이라고.

아빠는 억지로 그 가격에 노란색 오리털 점퍼를 샀구나. 그리고 신이 나서 둘이서 손을 잡고 기분 좋게 집으로 돌아왔지. 엄마가 무슨 돈으로 점퍼를 샀느냐고 따지듯 물었다. 아빠는 웃기만 했었다.

이튿날 출근길에는 질척한 진눈개비가 오더구나. 우산을 받쳐 드니 양복은 젖지 않는데 자꾸만 구두 속의 양말이 젖어서 불편하더구나. 발도 시리고 아프고…….

그해 겨울은 유난히도 비가 많이 왔었지.

그렇게 사 준 오리털 점퍼가 개집의 바닥에 깔려 있다니. 지금도 눈에 선하구나. 집에 와서 오리털 점퍼를 입고 팔짝팔짝 뛰며 좋아하던 네 모습이…….

쇼핑 봉투에 네 교복 상의와 점퍼를 넣어 다용도실 상자 속에 둬야겠구나. 네가 그렇게 아끼던 물건들인데.

"여보, 아침 식사 하세요!"

애야, 엄마가 오시나 보다. 아빠가 옷 감춘 건 둘만의 비밀이다.

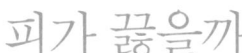

피가 끓을까

사랑하는 딸들아,

아침 운동을 나가는데 호텔 앞에서 두 남자가 서로 멱살잡이를 하면서 싸우더구나. 그중 모자 쓴 사람이 화가 나서 "야 임마! 너 땜에 피가 끓는다 끓어" 하며 소리 치더구나.

정말 사람은 화가 나면 피가 끓어오를까? 넌 어떻게 생각하니? 정말 피가 끓어오른다고 생각하니?

얘야, 실은 정말 화가 나면 피가 끓어오른단다.

설마 아빠가 네게 거짓말을 하겠니? 아빠가 직접 겪은 일을 네게 글로 남기는 것이니 너무 가볍게 듣지 말고 유념하거라.

아빠도 이 부분은 네게 말하는 걸 잠시 주저했단다. 사적인 일을 너무 공개하는 것이 아닌가 생각도 했다. 그러나 다른 한편으로는 이런 생각이 들더구나. 후일 사랑하는 딸들이 어려움에 처했을 때

한 사람이라도 아빠의 글에서 지혜를 얻어 곤경에서 벗어날 수가 있다면 그보다 더 큰 보람이 어디 있겠느냐? 그래서 아빠의 개인생활을 공개하는 것이니 이해해다오.

얘야, 피가 어떻게 끓어오르는지 아빠가 그 이야기를 해주랴? 이건 아빠 혼자만의 비밀로 간직하고 저편으로 가려 했는데 이젠 시효가 지났으니 털어놓으마.

옛날, 멀지 않은 그 옛날, 아빠가 작은아빠 회사에 보증을 서 준 적이 있었다. 그런데 I. M. F 외환위기 바로 직전에 작은아빠의 회사가 부도가 났구나.

유망한 벤처기업이 부도를 내면서 재정보증을 해주었던 아빠도 궁지에 몰렸다. 그때부터 아빠는 무척 고민을 했다.

아빠는 동생이 원망스러웠다. 아빠가 평생을 공들여 쌓아놓은 탑을 한순간에 무너뜨린 동생이 무척 원망스럽더라. 그래서 아빠는 무척 괴로워했지.

아빠는 직장 생활을 할 때 매일 오후 4시가 되면 평행봉과 철봉을 하며 건강을 유지했다. 철봉과 평행봉이 없는 여학교에 갔을 땐 운동장에서 달리기를 했지. 지금도 재직시절에 아빠가 운동을 한 이야기는 많은 학교에 전설로 남아 있단다.

당시 아빠는 심한 스트레스를 받아 그걸 풀기 위해 더 열심히 운동에 열중을 했다. 격렬한 철봉이나 평행봉을 하면 체내 혈액 속에 녹아 있던 독성물질이 중화되는 걸 느꼈어. 그래서 더 운동에 빠져

들었지.

 아마도 날씨가 아주 추운 12월 중순이라고 생각이 되는구나. 그날도 오후 4시가 되어 운동을 하기 위해 교실 앞을 나오는데 갑자기 교실 유리창이 깨진 것처럼 금이 나 보이더구나. 이상해서 다른 각도에서 다시 보니 또 그렇게 보이더구나.

 아빠는 이상한 생각이 들었다. 왜 멀쩡한 교실 유리 창문이 깨져 보이지?

 사랑하는 애야,

 그때 무슨 일이 일어난 줄 아니? 갑자기 아빠의 왼쪽 팔뚝 혈관이 꿈틀꿈틀하더구나. 이상해서 옷소매를 걷고 보니 왼쪽 팔의 혈관이 지렁이가 기어가듯 꿈틀꿈틀하며 불룩불룩 솟아오르더구나.

 너무나 기이해서 한참 보고 있는데 혈관 속에서 '꾸르륵, 꾸르륵' 하는 이상한 소리가 나더라. 그리고 팔뚝의 혈관이 지렁이가 기어가듯 꿈틀꿈틀 움직이더라.

 정말 이상한 일도 다 있더구나. 후일 아빠는 의서를 보다가 사람이 심한 스트레스를 받으면 정말 혈관 속의 피가 끓어오른다는 것을 알게 되었다.

 당시 아빠의 팔뚝에 지렁이처럼 부풀어 오르던 혈관을 자른다면 피가 나오는 것이 아니라 혈관 속에서 끓어오른 피가 거품이 되어 나온단다.

나중에 '생명의 신비' 라는 자료 화면에서 자른 혈관 단면으로 끓어오른 붉은 피가 거품이 되어 흘러나오는 것을 아빠의 두 눈으로 직접 보았단다.

사람은 타 동물과 달리 자신을 죽일 수가 있단다. 〈아들에게 주는 글〉에서도 강조한 바가 있다만, 사람은 언제나 자기가 자기를 죽이는 어리석음을 범한다.

아빠가 개인의 사생활을 공개하면서까지 너희들에게 이 글을 남기는 까닭은 그런 어리석은 일을 미연에 방지하고자 함이다.

오늘 아침 뉴스를 보니 한 가족이 자살을 했더라. 참 험한 세상이구나.

딸들아,

한 가정을 이루고 살아갈 너는, 앞으로 어떤 일이 일어날지 장담할 수가 없단다. 아빠는 '난 절대로 아니다'라고 큰소리 치는 사람이 가장 어리석은 사람이라고 생각을 한다. 이젠 언제, 누구든지 그런 일이 일어날 수 있는 세상이 되었기 때문이다.

아빠가 입버릇처럼 말하는 내용 중에 '항상 삶에 겸손하라, 그리고 정진하라'고 말하는 이유도 거기에 있다.

사랑하는 딸들아,

당시 아빠가 가장 견디기 힘들었던 일은, 동생을 원망하는 마음과 자식같이 키운 동생을 사랑하는 마음이 충돌할 때였다. 그 가늠

할 수 없는 마음이 아빠를 상하게 한 것이다. 작은아빠는 아빠가 가장 아끼고 사랑했던 동생이었다. 타고난 성품이 남자답고 언제나 모범생이었다. 아빠는 그런 동생이 정말 자랑스러웠다. 그래서 대기업에 재직했던 동생이 벤처기업을 설립했을 때 아버지의 심정으로 막내의 사업을 도와주었다.

그 회사가 부도가 났을 때도 동생은 모든 것을 버리고 아빠를 구하려고 몸부림을 쳤다. 그 동생이 전화로 아빠에게 말하더구나.

"형님을 구하기 전에는 전, 절대로 죽지 습니다."

동생의 피눈물 나는 절규였다. 아빠는 그런 전화를 받을 때마다 동생의 마음을 너무 잘 알아 괴로웠다. 차라리 '형님, 더 이상 할 수 없습니다'라고 말했더라면 체념을 했을 것이다. 그런데 동생은 그렇게 하지 않았다. 형을 위해서는 목숨을 걸고 포기를 모르는 사람이었다. 그런 동생의 마음을 너무 잘 알아 아빠는 고통스러웠다.

아빠는 한 해 겨울 동안 삭풍이 불어오는 들판을 끝없이 걸으며 생각했다. 그리고 밤이면 겨울 강가에 앉아 온 밤을 지새우며 깊이 생각했다.

한 가정의 생계를 책임지고 있는 남자는, 자기가 죽어서 해결될 수가 있는 문제라면 가족을 위해 기꺼이 죽으려 한다. 그러나 죽어서도 해결이 되지 않는 일이 있다면 그게 가장 고통스럽단다.

피가 끓어오르는 화를 가라앉히는 방법은 '용서하고 화해' 하면 된다고? 분노가 자기 몸 속의 피를 끓어오르게 하는데 용서하고 화해한단 말이지? 누굴 용서하고 누구와 화해를 하니?

'화'는 천금과 같은 제 몸을 불에 태우고 스스로를 죽인단다. 얼마나 무서운 일이냐. 그런 경우, 자기 스스로를 죽이지 않는 방법이 딱 한 가지 있단다. 한마디로 살아남는 노하우가 있지. 너도 살다 보면 이런 경우가 생길 수 있단다. 그땐 이 방법뿐이란다

하지만 딸들아, 아무리 부녀지간이지만 이건 공짜로는 곤란하다. 아빠도 그걸 터득하는 데 가장 비싼 수업료를 지불했거든.

정말 피가 끓어오른다

사랑하는 딸들아,

설 명절 잘 보냈니?

명절 때 음식 하느라 고생했겠구나? 집안 가족들끼리 모이면 즐거운 일도 많지만 여자들은 스트레스도 많이 받더구나. 너무 마음속에 담아두지 말고 며칠만이라도 그러려니, 하고 살려므나.

딸들아,

지난번에 진애심을 다스리는 방법은 공짜로는 안 된다고 했더니 너는 정말 아빠에게 세뱃돈을 주더구나.

평생을 너희들에게 주기만 하며 살다가 설날이라고 돈도 주고 옷도 사 주니, 참 기분이 묘하더라. 아빠는 주는 것만 생각했지, 너희들에게 받는다고는 한 번도 생각해 보지 않았거든.

애야, 말이 옆길로 샜구나. 전편에 이야기하던 화를 다스리는 방법에 대해서 일러 주마.

네 생각에는 피가 끓어오르도록 화를 나게 만든 사람이 누구라고 생각을 하니? 회사를 부도 나게 만든 작은아빠일까? 결론부터 말하자면 그건 아니란다.

첫째로 화를 나게 만든 원인 제공자는 다른 사람이 아닌 '나'에게 있었다. 내가 보증을 해줬으니까 그런 일이 생긴 것이다. 안 해줬어 봐라, 어디 그런 일이 생기나. 그런데도 끝없이 다른 사람 탓만 했구나.

둘째로 아무리 생각을 해도 결론은 나지 않고 별다른 뾰쪽한 방법이 없다는 것이다.

그래서 아빠는 한 생각을 바로 돌려 '전생에 진 빚을 이번에 갚아 줬다'고 결론을 내렸다.

이렇게 한 생각을 바로 돌리지 않는다면 화내는 마음은 업겁의 선을 태워 자신을 죽이게 된단다. 화난 얼굴은 안색을 변하게 하고, 다른 사람을 원망하거나 비방하다가 결국에는 자신을 통제하지 못해 피를 끓어오르게 하여 쓰러지게 만든다.

지난 밤 뉴스를 보니 일가족 네 명이 빚 때문에 자살했더구나. 얼마나 참혹한 일이냐. 그 어린 것들이 무슨 죄가 있다고…….

사랑하는 애야, 한 생각을 바로 돌려라. 삶과 죽음은 바로 그 '한 생각의 차이'에 있었다.

간암 말기 환자도 오늘 하루를 즐겁게 살며, 밤과 낮을 어둠 속에 갇혀 사는 분들도 삶이 기쁘다고 말한다.

그런데 사지 육신이 멀쩡한 너는 전생에 진 빚, 몇 푼을 갚아 줬다고 죽는 시늉을 해?

딸들아,

피를 끓어오르게 하는 화(분노)를 다스리는 방법은 오직 한 가지, 이렇게 '한 생각을 바로 돌리는 데' 있었다.

따르릉, 따르릉……

"여보세요."

"형님, 접니다."

"응, 김 사장! 회사 일은 잘되고?"

"예, 형님 통장으로 송금 좀 했습니다. 맛있는 거 사 드세요, 아끼지 말고. 참, 지난번 은행대출자금 이번에 모두 정리했습니다."

"고맙네."

사랑하는 딸들아,

아빠만 바보가 되었구나. 그것도 모르고 혈관 속에 피가 끓어오르도록 화를 냈으니 말이다.

잘났어 정말

"여보, 우리 회사에선 나 아니면 아무것도 안 된다고. 사장, 지가 뭘 알아. 내가 다하지."

아이쿠, 저 소리. 매일 반복하는 자기 자랑, 지겹지도 않은지 또 시작하네.

사랑하는 딸들아,

네 남편이 또 자기 자랑을 하는구나. 회사에서 회식을 하고 왔다며 술에 취해 자기가 아니면 회사가 안 된다고 자랑을 하는구나.

네가 보기에 남편은 말단 사원으로 회사에서 별 볼일이 없는 사람 같은데, 술만 먹으면 저렇게 자기 자랑을 늘어놓으며 큰소리를 치는 것 같지?

넌 네 남편의 자기 자랑에 대하여 어떻게 생각하니? 가소롭고 아니꼽지? 그것도 어쩌다 한 번 해야 들어주지 매일같이 구구단을 외듯 하니 듣기 싫다고? 도대체 뭐가 그렇게 잘났냐고? 정말 그렇겠구나. 네 남편의 자기 자랑이 이젠 싫겠구나.

하지만 얘야,

너도 결혼 전 직장 생활을 해보았으니 알겠구나. 사실 네 남편은 직장에서 별 볼일 없는 사람일지도 모른다. 상사에게 쪼다 소리를 듣고 아랫사람에게 박히기만 하는 어중간한 위치에 있을지도 모른다.

직장에서는 윗사람들 눈치나 보며 하루 해를 보내는 고달픈 신세이며, 때때로 16년간이나 공부해서 얻은 직장에 대해 강한 회의감을 느낄 때도 있을 것이다. 학교에서 공부할 땐 제법 잘 나간다고 생각했는데, 내 신세가 이것밖에 안 되나, 하는 절망감에 빠져 있을지도 모른다.

그래도 네 남편은, '요즘같이 직장을 구하기 힘든 세상에 여기라도 몸을 담아 사랑하는 아내와 자식들과 같이 살 수 있는 것만 해도 고마워해야지' 하며 하루에도 몇 번씩이나 참고 다짐을 할 것이다.

남편의 자기 자랑은 직장에서 열등감을 느끼며 하루 해를 보냈던 자기 불만의 표출이며, 자긍심을 되찾기 위한 슬픈 몸부림이란다.

정말 잘 나가는 남자는 아내에게 자기 자랑을 하시 않는단다. 그럴 필요가 없으니까.

이 세상에서 제일 가까운 네가 그걸 이해해 주지 못한다면 누가 해주겠니?

딸들아,

남편의 자기 자랑, 그거 그냥 들어줘라. 고개만 끄덕끄덕하며 들어줘도 그는, 정말 자기가 잘난 줄 알고 힘을 얻어 가족들을 위해 열심히 일을 한단다.

거기에 한마디 더 보태 "역시 당신은 최고야" 라고 말해 준다면 순진한 그는 앞뒤를 가리지 않고 전력을 다해 목표를 향해 달려갈 것이다. 이 세상에서 네가 남편을 인정해 주지 않는다면 누가 알아주겠니?

네가 네 남편을 인정해 주지 않고 면박을 주면, 남편은 세상에서 제일 가까운 자기 아내에게도 인정을 받지 못하는 무능한 존재로 인식하고, 절망에 빠져 술이나 퍼마시고 외도를 하거나 도박에 빠져 폐인이 된단다.

그러나 네가 남편의 자랑을 들어주고 칭찬을 해준다면 절대로 밖으로 나돌지 않는단다. 남자는 자기를 인정해 주는 아내의 칭찬을 듣기 위해 퇴근하면 곧장 집으로 온단다.

사랑하는 딸들아,

남편의 자랑을 면박 줘서 네가 얻는 게 뭐가 있겠니? 그냥 참고 들어줘라. 옳고 그른 것을 따지지 말고 그냥 참고 들어줘라.

미물의 짐승인 황소도 주인이 '잘한다' 는 칭찬 한마디에 힘을 얻어 소싸움에서 이긴단다. 주인에게 인정 받고 싶어서 목숨까지 건단다.

딸들아,

네 남편은 다 큰 아이란다. 엄마에게 칭찬 받고 싶어 큰소리로 자랑하는 그런 아이란다. 네 칭찬 한마디에 용기를 얻어 험한 세상을 살아가기도 하고, 네 면박 한마디에 절망에 빠져 헤매는 다 큰 아이란다.

걱정하지 마라

사랑하는 딸들아,

어젯밤에 시력을 상실한 부인이 10살 된 딸아이를 죽이려 했다는 뉴스를 보았다. 그리고 며칠 전에는 젊은 부부가 빚 때문에 아이들 둘과 함께 극약을 먹고 자살을 했다는구나. 세상이 왜 이렇게 험하게 변하는지 걱정이다.

아빠가 어린 시절, 겨울철에 굶어 죽는 사람들은 간혹 있어도 자살하는 사람들은 없었다.

아빠가 누차에 걸쳐 말해 왔지만, 이 지구상에 존재하는 것 중에서 가장 강인한 생명력을 가진 것이 아이들이란다. 아이들은 그냥 둬도 살아갈 수가 있단다.

그런데 부모가 자살하면서 아이들 고생하는 것이 겁나서 같이 데려간다고? 말도 안 되는 소리!

풋볼스타 '워드'는 고생을 해서 슈퍼스타가 되었고, 가수 '비'도 고생을 했기 때문에 스타가 되었다. 워드나 비가 삼성 가문에 태어났더라면 슈퍼스타가 되었겠니?

애야, 네 아이들이 고생하는 것을 너무 두려워하지 마라.

고생이 슈퍼 인간을 만드는 약이란다.

이런, 내가 무슨 소리를 하고 있지? 오늘 너에게 일러 줄 글은 이런 이야기가 아니었는데.

딸들아,

후진국 사람들보다 선진국 사람들이 더 걱정거리가 많고 불안에 떨다가 우울증에 잘 걸린단다. 소득이 낮은 사람들이야 잃을 게 없으니 걱정이 없겠지만 부자들은 걱정이 더 많단다. 곧 '걱정은 소득과 비례'한단다.

걱정거리가 많은 택시 기사가 있었다. 그는 교통사고가 나면 어떡하나, 사납금을 못 채우면 어떡하나? 길이 막히면 어쩌나? 너무 걱정을 많이 하다 보니 불안감 때문에 일을 할 수가 없었다.

그래서 하루는 머리를 썼단다. 길가에 굴러다니는 빈 깡통을 주어 걱정거리가 생길 때마다 메모지에 적어 깡통 속에 넣어 두었다가 자기가 쉬는 일요일에 한꺼번에 걱정하기로 작정을 했구나.

그래서 그 기사는 월요일부터 걱정거리가 생길 때마다 메모지에 적어 깡통 속에 넣어 두었다. 그리고 한 주가 지나가자 일요일 아침에 걱정을 한꺼번에 하기 위해 깡통 속에서 메모지를 모두 꺼내 읽기 시작했다.

깡통 속에는 지난 한 주 동안 32가지의 걱정거리가 들어 있었다. 그런데 놀랍게도 정말 걱정할 일은 두 가지뿐이었다.

하나는 아들이 이가 아파 치과에 데려가는 것이었고, 다른 하나는 마누라의 곗돈을 내일까지 마련하는 일이었다. 다른 일은 자기가 택시만 열심히 몰면 모든 것이 해결되는 쓸데없는 걱정거리였다.

빚이 많아 가족을 죽여야 한다면, 지금 이 나라에는 죽을 사람들이 너무 많이 있단다. 정말 그들을 죽인 범인은 가난이나 빚이 아니라 자기 마음속에 숨어 있는 막연한 불안과 공포란다.

걱정이 많아지면 불안해지고 불안이 심해지면 극도의 공포를 느끼며, 그 다음에는 공황으로 변하고 우울증으로 자신과 가족들을 죽인단다.

죽고 싶으면 자기 혼자나 죽지. 감옥에 갈 일이 생기면 감옥에 가고, 길거리에 나앉을 일이 생기면 길거리에 나가 재주껏 살지. 왜 닥치지도 않은 일에 지레 겁을 집어먹고 가족들 모두를 죽이냔 말이다.

딸들아, 기억해 두렴. 사람은 앞으로 닥칠 일에 대해 가장 큰 공포를 느낀단다.

사람들은 누구나 걱정거리가 있게 마련이다. 내 말이 믿기지 않거든 사거리에 나가 길 가는 사람, 아무나 붙잡고 물어보렴.

"걱정거리가 없는 분, 손들어 보세요."

누구도 자신 있게 손을 드는 사람이 없을 거다. 이 세상에 걱정거리가 없는 사람은 결코 없단다.

단지 너처럼 불필요한 걱정을 너무 많이 해서 불안에 떨다가 우울증에 걸려 아파트 옥상에서 뛰어내릴 생각을 하지 않을 뿐이다.

걱정거리가 생기거든 한 생각을 바로 돌려「왕의 남자」나 구경하고 실컷 웃으렴. 걱정으로 해결되는 일은 아무것도 없단다. 그런 후에 기도를 해보렴. 그럼, 너는 지혜가 밝아져 자기 스스로를 해치는 일은 결코 하지 않을 것이다.

허상과 실상

사랑하는 딸들아,

저녁 뉴스를 보니 컴퓨터 게임을 하다가 청년이 죽었더구나. 2박 3일 동안 컴퓨터 게임에 빠져 자지도 않고 먹지도 않았단다. 애야, 너 이 점을 어떻게 생각하니?

요즘 사람들은 너무 허상에 빠져 살더구나. T.V나 컴퓨터의 화면 속 세계에서 말이다. 그것은 인간이 만든 허상의 세계가 아니냐? 네 엄마처럼 허상의 연속극을 보면서 눈물을 흘리는 그런 세계가 아니냔 말이다.

사랑하는 애야,

너무 허상의 세계에 빠지지 마라. 네 가족들이 너무 허상의 세계에 빠지지 않도록 경계해야 한다.

T.V나 컴퓨터를 3일간만 저리 치워 보렴. 실상의 현실세계에서

는 시간이 너무 남아돌아 어쩔 줄 모른단다. 허상의 세계는 '시간의 도적'이란다. 물론 정보를 얻고 지식을 쉽게 공유하는 점은 인정하지만, 그렇다고 목숨을 잃을 정도로 허상에 빠져서야 쓰겠느냐.

사람이 너무 어떤 것에 집착하는 것은 좋은 일이 아니란다. 게임에 집착하고, 경마에 집착하고, 노름에 집착하고, 증권에 집착하고……결국에는 패가망신을 하게 된단다. 무엇이든지 적당히 해라. 헛된 탐욕에 너무 집착하지 마라.

딸들아,

도사의 기준이 무엇인지 아니? 도사는 이쑤시개 하나만 있어도 행복하단다. 그것 하나만 있어도 심심하지 않고 즐겁게 하루 해를 보낼 수 있다.

봄비 내리는 화단에 쪼그리고 앉아 추운 겨울을 지낸 방울꽃 새싹이 솟아오르는 것만 보고 있어도 즐겁고 지루하지 않으며 행복하단다. 그래서 도사는 눈에 띄지 않고 평범하며 집착을 하지 않는다.

허나 보통 사람들은 더 빨리, 더 자극적인, 더 감각적인 것에 집착을 한다.

초등학교 5학년인 네 아이들을 보렴. T.V 채널을 돌리다가 그렇게 못하게 하면, 이번에는 컴퓨터 게임을 하고, 그것도 못하게 하면

P. C방에 간다. 네 남편도 T. V채널을 잠시도 고정시켜 두지 못하고 계속 더 자극적인 프로를 찾아 돌리고 있지 않니?

　네 아이들이 컴퓨터 게임에 빠지지 않도록 관심을 가져 주어라. 너무 자극적인 것에 집착하지 않도록 해라. 실상과 허상을 구분하지 못하는 아이들은 반에서 성적이 떨어진다고 옥상에서 뛰어내린다.

　'김 일병 사건'을 봐라. 허상에 빠져 현실을 구분 짓지 못해서 그런 일들이 생긴 거란다.

　사랑하는 딸들아,
　토요일 날씨가 따뜻하구나. 오늘은 네 가족들 모두가 야외로 나가 아이들은 썰매를 타고 너희들은 강변을 거닐어 보렴. 그럼 허상과 실상의 차이점을 알게 된다. 그리고 왜, 도사가 도사인지 알게 될 것이다.

미인은 자기가 만든다

사랑하는 딸들아,
지난번 네가 집에 왔을 때 아빠가 보니 눈에 쌍꺼풀 수술을 했더 구나. 그거 언제 했니? 돈 좀 들었겠더라.
딸들아,
대다수 범죄자들의 특징은 참을성이 없단 거란다. 특히 깡패들은 생각나는 대로 행동을 한다. 깡패나 범죄자들의 얼굴을 자세히 보렴. 인상이 험악하고 흉악하단다. 왜 그런 줄 아니? 그들은 참을성과 인내심이 없기 때문이란다.
아름다운 미모를 타고난 사람들은 전생에 인욕하고 태어난 사람이란다. 얼굴이 단정하고 미모가 뛰어난 사람들은 대다수가 인내심이 강하단다. 똑같은 형제자매라도 성격에 따라 미모도 다르단다. 물론 지금은 성형수술도 하고 그렇지 않은 사람들도 있다만, 일

반적으로 그렇다는 이야기이다.

 애들아, 사람은 자기 얼굴을 자기가 만든단다. 참을성이 많고 온유한 성품을 가진 사람은 나이가 들어도 얼굴이 단정하고 아름답단다. 그리고 주변 사람들을 언제나 즐겁게 하지.

 그런데 성격이 급하고 모가 난 사람들은 젊었을 때는 위압감을 주고, 늙으면 더 편협하고 험악한 얼굴로 변한단다.

 물론 젊었을 때 얼굴이 험한 사람이라도 노후에 보기 좋게 변한 사람들도 있더구나. 반대로 젊었을 때 보기 좋았던 미모가 늙어서는 아주 추한 모습으로 변한 사람들도 있다.

 딸들아, 아빠가 미인이 되는 방법을 알려 주랴?

 지금 네 삶이 낙천적이고 긍정적이며 온유하다면 넌 다음 생에 미인으로 태어날 것이다. 반대로 지금 네 미모가 남보다 뒤떨어진다면 넌 전생에 참을성이 없는 사람이었다고 보면 된다.

 이런, 넌 아빠의 이야기에 공감하지 않는구나. 당연히 그럴 것이다. 그러나 평생을 살고 자기 얼굴의 주름진 모습을 거울에 비춰 보면 그걸 알게 된단다.

 아빠의 딸들은 모두 아름다운 모습으로 나이 들어 갈 것이라 의심치 않는다.

 노후의 자기 얼굴 모습은 모두 자기의 책임이란다. 참고 또 인욕하며 살아라. 그럼 넌 나이 들어 보톡스 주사를 맞지 않아도 가장 아름다운 네 모습을 볼 수가 있을 것이다.

면도날의 꿀과 같다

사랑하는 딸들아,

오늘은 네게 줄 글을 쓰려 하니 마음이 내키지 않는다. 아빠는 이런 걸 쓸 자격이 없다는 생각이 드는구나. 왠지 그런 자격지심이 든다.

오늘은 아빠 자신에 대해 불만스럽다. 자꾸만 아빠는 어리석고 못난 사람이었다는 생각이 들며 기운이 빠지는구나. 엄마가 서울 가고 없어서 그러나?

사람은 욕심이 많으면 번뇌 또한 많다. 욕심이 이뤄지지 않으면 고민을 하게 되고, 고민을 하게 되면 스트레스를 받게 되고, 결국에는 자신과 사회에 불만을 가지게 된다.

반대로 사소한 작은 것에도 만족할 줄 아는 사람은 행복하다. 울타리에 핀 노란 개나리꽃만 봐도 행복하다.

욕심이 많은 사람은 왕이 되어서도 더 탐욕스럽다. 반대로 욕심이 적은 사람들은 근심도 적다. 욕심이 없으니 불만도 없고, 불만이 없으니 스트레스도 안 받고 항상 마음이 편하고 즐겁다.

인간의 욕심은 면도칼 끝에 묻은 꿀과 같단다. 작은 욕심은 칼끝에 묻은 꿀을 맛볼 수가 있지만 꿀에 너무 탐욕을 내다가는 혀를 베인단다.

딸들아, 아이들 성적에 너무 욕심내지 마라. 남편의 수입에 너무 욕심내지 마라. 주식에 너무 욕심내지 마라. 재개발 아파트에 너무 욕심내지 마라. 무엇이든지 적당이 해라.

네 욕심이 지나치면 아이들은 성적 때문에 아파트에서 뛰어내리고, 남편은 부정을 저지른단다.

내 말이 믿기지 않거든 아파트 창문을 열고 밖을 내려다보렴. 넌 천국과 지옥의 중간에 살고 있다.

네 가정에 만족하면 너의 가족들은 천국이라는 둥지에 살게 되며, 만일 네가 삶에 만족하지 못하면 가정은 지옥이라는 유리잔 속에 살게 된다.

딸들아.

네 입 속엔 욕심이라는 꿀이 묻은 면도칼이 물려 있음을 항상 명심해라. 욕심이라는 꿀을 살살 맛보면 넌 행복하게 살게 되지만, 반대로 탐욕에 차서 칼날의 꿀을 한 입에 덥석 베어물어 버리면 네 가족들은 한 순간에 불행의 나락으로 떨어질 것이다.

어떡할래

사랑하는 딸들아,
아빠가 네게 주는 이 글들은 누차에 걸쳐 말했지만 아빠가 잘나서도 아니고 많이 알아서도 아니다. 세상이 너무 험하니 앞으로 평생을 살아갈 너에게 어떡하면 조금이라도 더 지혜를 밝혀 줄 수 있을까 생각하며 어리석은 아빠가 남기는 것이니 이해하고 들으렴.

딸들아,
이 세상에서 가장 공포를 많이 느끼는 사람이 누군 줄 아니? 바로 전투를 앞둔 병사들이란다.
내일 새벽 5시에 헬기를 타고 적지에 투하되어 교전을 해야 하는 병사들이라면 오늘 하루는 극심한 공포에 시달린단다. 죽음, 부상, 애인, 가족…… 그 모두가 생각난단다.

전투를 기다리는 병사들은 시간이 갈수록 공포가 더 심해져 공황 상태로 빠져든단다. 공황 상태에서 병사들은 두 가지 선택을 한단다. 자신을 지키기 위해 공격을 하거나 방어를 하는 방법 중, 하나의 행동을 선택하게 된다.

병사들은 극심한 공포로 숨고 피할 곳을 찾지 못해 제 스스로 총을 쏘아 자살을 하거나 자해를 하며 탈영을 하기도 한다. 담배를 피울 때마다 앞으로 몇 개비의 담배를 더 피울 수가 있을까 생각을 한다. 밥을 먹으면 토한다. 잠을 자면 악몽에 시달린단다.

공황의 시간이 길어지면 질수록 병사들은 자포자기 상태에 빠져 자기 생명에 대한 애착심이 없어진단다. 그래서 가장 겁쟁이 병사가 가장 용감한 병사로 변한다. 반대로 공격기재가 발동한 병사들은 동료와 싸우거나 공격적인 행동을 취한단다.

공황의 가장 큰 특징은 현재 닥치지도 않은 앞일에 대해 미리 겁을 집어먹고 자기 스스로 공포를 만들어 가는 것이란다. 그러나 막상 전투 상황에 돌입하면 공포는 사라지고 오히려 시원한 쾌감마저 느낀단다. 그래서 살상을 해도 아무런 죄 의식을 못 느끼는 거지.

그런 극심한 공황 상황에서 한 병사가 아가씨의 팬티를 입으면 총에 맞지 않는다고 말하자, 순식간에 팬티를 구해 입는 게 병사들의 심리 상태란다. 사람은 공황 상태에 빠지면 못할 짓이 없게 된단다.

T.V를 보니 한 여고생이 넥타이로 아버지의 목을 졸라 죽였더

구나. 그 아버지는 매일 술을 마시고 집에 들어와서 부엌칼을 들고 모녀를 폭행하고 죽인다고 협박을 했다는구나.

엄마와 딸은 멀리서 아버지가 술에 취해 집으로 들어오는 발자국 소리만 들어도 극심한 공포에 빠져 어쩔 줄을 몰랐다고 했다.

이 경우 여고생이 선택할 수 있는 행동은 전쟁터의 병사들처럼 두 가지뿐이란다. 공격기재를 발동하여 자신을 지키기 위해 적을 공격하거나, 아니면 방어기재를 발동하여 공황 상태에서 벗어나기 위해 숨을 곳을 찾아 도망을 쳐야 한다.

그린네 그 여학생의 경우는 엄마와 함께 도망을 쳐서 숨을 곳이 없었다. 그래서 전쟁터의 병사들처럼 순식간에 적을 공격한 것이다.

딸들아,

아빠가 왜 너희들에게 이런 이야기를 하는가 하면, 세상이 너무 험해져서 그렇다. 공황에 빠진 사람들이 전철에 뛰어들고, 아파트나 다리 위에서 뛰어내리고, 한 가족이 승용차를 몰고 강물 속으로 내달리는 걸 보니 너무 안타까워서 그렇다.

지금 너는, 남편이 사업 실패로 길거리에 나앉을 수도 있고, 스토커가 밤낮으로 가족을 괴롭힐 수도 있고, 실직할 수도 있고, 암에 걸릴 수도 있고, 불이 날 수도 있고, 자동차 사고가 날 수도 있고, 애인이 변심하여 배신할 수도 있다.

이젠 누구에게나 모든 일이 일어날 수가 있는 그런 세상이 되었다. 너희들은 그때 어떡할래?

사랑하는 딸들아,

평생을 살다가 그런 일이 생기거든 첫째는 '나만 왜?' 라고 생각하지 말거라. 두 번째는 '그럴 수도 있다' 고 생각해라.

그리고 마지막으로 일어나지도 않은 일에 미리 겁을 집어먹고 공황 상태에 빠지지 마라.

일이 닥치면 그때 해결하면 된다. 세상에 해결되지 않는 일은 없다. 다만 시간이 걸릴 뿐이다. 만일 네가 공황 상태에 빠졌다고 생각되거든 '공격과 방어' 둘 중 한 가지를 선택하되 절대로 자신을 해치는 일은 하지 마라.

그건 가장 못난 자의 가장 어리석은 행동이란다.

지금은 사회보장제도와 법망이 잘 만들어져 있다. 너희들이 조금만 지혜가 밝으면 그 악연에서 벗어날 수가 있단다.

인간은 누구나 공포를 느끼며 살아간다. 더구나 지금처럼 불확실한 시대를 살아가는 사람들은 누구나 그런 걸 느끼며 산다. 단지 그걸 받아들이는 사람에 따라 공포와 두려움이 되기도 하고 공황환자가 되기도 한단다.

공황을 느끼는 사람들의 가장 큰 특징은, 다른 사람들이 볼 때는 별일이 아닌데 정작 본인은 목숨이 왔다갔다 하는 심각한 상황으로 받아들이는 것이다.

사랑하는 애야,

아빠가 왜 이런 이야기를 너에게 하는고 하니, 의외로 많은 사람들이 삶의 공포가 지나쳐 공황 환자로 변하는 경우가 많더구나.

딸들아,

이젠 살다가 어려운 일에 부닥쳐 가족들이 공황 상태에 빠지면 넌 어떻게 대처해야 하는지를 알았겠구나.

사랑하는 딸들아,

지난 밤 9시 뉴스를 보니 아빠가 그렇게 우려했던 일이 또 일어났구나. 너무 안타까워 이렇게 다시 글을 남긴다. 음식점을 경영하는 아빠가 고등학교에 다니는 딸과 중학교에 다니는 아들에게 엄마와 같이 바람 쐬러 가자고 했다. 그리고 호숫가에 도착하자 갑자기 가족들에게 미안하다며 승용차를 몰고 강물 속으로 뛰어들었다.

이 경우 엄마와 아이들은 아빠가 무슨 생각을 하고 있었는지 아무것도 모른단다. 아빠는 극도의 공황 상태에 빠져 있었다. 4인 가족 중 유일한 생존자인 아들이 말하기를 승용차가 호수 바닥에 가라앉자 아빠는 마지막으로 가족들에게 미안하고 말했단다.

그 가족의 아빠는 앞으로 일어날 일에 대해 미리 겁을 집어먹고 극도의 공황 상태에 빠져 있었다. 이 경우 엄마는 아빠에게 '일이 닥치면 그때 가서' 라고 끊임없이 달래 주고, '가족이 길거리에 나앉게 되면 그때 가서, 가족이 흩어지면 그때 가서. 야반도주를 해야 할 형편이면 그때 가서 대처하자'고 끊임없이 용기를 북돋아 주고 달래 줘야 한다. 그럼 그때 가서 어떡할래?

딸들아,

넌 이 글들을 읽고 이미 그 해답을 잘 알고 있지 않느냐? 아빠가 제일 좋아하는 말. 그래, '한 생각 바로 돌려!' 바로 그거야.

공황 장애는 마치 전투 상태에 돌입하지 않은 대기 병사가 미리 겁을 잔뜩 집어먹고 자해를 하는 것과 같단다. 애야, 보렴, 전투 상태에 돌입하지도 않았는데 아빠는 가족들을 모두 데리고 자해를 하지 않았느냐.

사랑하는 딸들아,

공황 장애를 앓는 네 가족들은 밖으로는 절대로 표시가 나지 않는단다. 공황 환자는 자기의 약점을 드러내기를 싫어한다. 그러나 속으로는 언제든지 깨질 수 있는 연약한 유리잔임을 항상 명심하고 대처하렴.

딸들아, 네 말 한마디에 가족들의 모든 운명이 걸려 있단다. 그래서 아빠가 안타까워 이 한마디를 덧붙인다.

이렇게 변한다

사랑하는 딸들아,

사람의 한 평생은 지나고 보면 '여름 한낮의 짧은 꿈'과 같단다. 꿈 많았던 소년이 짧은 잠에서 깨어나니 어느새 백발 노인이 되어 있구나.

네가 보기엔 엄마와 아빠는 청소년 시절이 없는 것 같지? 우리에게도 꿈 많았던 소년소녀 시절이 있었다. 단지, 너는 청소년 시절의 엄마와 아빠를 본 적이 없기 때문에 성인이 된 엄마와 아빠만 생각한단다.

엄마와 아빠의 사진을 보니 어떤 생각이 드니? 아빠가 왜, 이 오래된 빛바랜 사진을 네게 보여 주는 줄 아니?

그건 현재의 네 시간을 소중하게 생각하라는 충고란다. 엄마와 아빠의 삶이 이럴진데 너 또한 어떻게 다르겠느냐?

너도 허둥지둥 정신없이 살다 보면 어느 날 문뜩 엄마와 아빠의 모습으로 변해 있는 네 자신을 보게 될 것이다.

딸들아,

오늘을 소중하게 생각하렴, 현재의 네 가족들을 보배로 생각하렴. 헛된 망상과 무명에 빠져 귀중한 시간을 함부로 낭비하면, 어느 날 문득 너는 소리 없는 세월의 도적이 네 젊음을 모두 훔쳐 가버렸음을 안타까워할 것이다.

아빠는 해방 전에 태어났으며 엄마는 해방 후에 태어났다. 우린 초등학교에 다닐 때 교실에서 공부를 해본 적이 없단다. 운동장 느티나무 밑에 흑판을 가져다 놓고 공부를 했다.

아빠가 중학교 2학년 때 엄마는 초등학교 4학년이었으며, 아빠가 대입 준비를 할 때 엄마는 중학교 2학년이었다. 아빠가 재학 중 입대하여 낯선 나라에서 전쟁을 할 때 엄마는 학교를 마치고 직장 생활을 했다.

아빠는 경북에서 8남매의 장남으로 태어났으며, 엄마는 충북에서 7남매의 장녀로 태어났다. 아빠가 서른 살, 엄마가 스물여섯 살이 될 때까지 우린 한 번도 만나 본 적이 없는 타인이었다. 그런데 우린 부부가 되어 너희들을 낳고 평생을 함께 살았다. 그리고 이젠 노인이 되었구나.

엄마와 아빠의 삶은 혼돈과 격동의 시대였다. 해방, 전쟁, 기아,

빈곤, 산업, 번영, 영화, 성장…… 그 모두를 60년 세월 동안 함께 경험한 삶이었다.

  사랑하는 애야,
  '시간의 도적'이 네 젊음을 훔쳐 가기 전에 현재를 소중하게 간직하렴. 시작과 끝이 없는 시간의 수레바퀴 속에 갇혀 한 번뿐인 네 생을 낭비하지 않도록 자신을 잘 단속하렴.
  딸들아,
  엄마와 아빠가 주인공이었던 영화는 여기까지란다. 이젠 너와 네 가족들이 주연이 된 영화가 아름답게 상영되고 있구나.

여자 몸과 같다

사랑하는 딸들아,

지구는 우리 인간들처럼 하나의 생명체란다. 바로 네 몸과 같단다. 애야, 넌 아빠 말에 의아해 하는구나. 지구가 하나의 독립된 생명체란 말에 너는 동의하지 않는구나.

그러나 들어보렴. 지구는 폐로 숨을 쉬는 하나의 거대한 생명체란다. 우리 인간들은 신문지를 펴 눈앞을 가리면 그 뒷면에 무엇이 있는지 아무도 모른단다. 그러나 때로는 신문지에 난 작은 바늘구멍으로 그 뒷면을 내다보는 사람들도 있단다.

지구는 타원형의 거대한 유기체이며 생명체란다. 숲이라는 폐로 대기라는 공기로 숨을 쉬며, 흙이라는 피부 밑에는 물(동맥)과 석유(정맥)라는 피가 흐르는 생명체란다. 인간이 심장으로 혈액을 순환시키듯이 지구는 내부에 끓어오르는 불(심장)로 그 생명을 유지한다.

지구라는 행성은 스스로 모든 생명 에너지를 공급하여 생존하는 가장 정밀하고 진화된 생명체란다.

그런데 지구라는 둥근 거인에 기생하는 머리 좋은 작은 인간이라는 생물이 문명이라는 이름으로 진화하면서 이상한 기계를 만들어 지구라는 생명체를 괴롭히기 시작하는구나.

타원형의 생명체에 기생하는 작은 생물인 인간은 지구라는 생명체의 피부를 개발이라는 이름으로 함부로 파헤쳐 종기를 생기게 했으며, 긴 주사바늘로 피부 깊숙이 찔러 혈액(석유)을 뽑아서 태우기 시작했다. 겨우 수명이 80살인 인간이 백억 년을 살아 온, 거인 지구의 목숨을 위태롭게 하고 있다.

인간은 불과 100년 전부터 지구라는 거인의 피를 뽑아 검은 연기로 산소를 태워 대기를 오염시켰다. 그리고 하늘을 날고 바다를 건너며 땅 위를 달리는 기계를 만들어 거인의 폐인 대기층을 파괴하기 시작했다.

지구는 우리 인간들이 생각하는 것 이상으로 정밀하고 절묘한 생명체란다. 따라서 자정과 치유 능력을 갖춘 은하계의 거대한 행성 중에 유일한 생명체란다.

딸들아,

아빠가 남기는 이 글이 네게 무슨 의미를 가지고 있는지 궁금할 것이다. 넌 왜 아무 상관도 없는 이런 이야기를 아빠가 갑자기 하느냐고 생각할 것이다.

그것은 아빠가 어린 시절에 겪었던 지구와 지금의 지구가 너무 많이 달라졌기 때문이다.

네가 아빠 나이가 되었을 때 이 지구상에 어떤 일이 발생할 것이라고 생각하니? 아빠는 이 글의 서두에서 지구는 스스로 치유와 자정 능력을 가지고 있다고 말했다. 따라서 네가 아빠 나이가 되었을 땐, 지금의 지구와는 많이 달라질 것이다.

지구라는 생명체는 살아남기 위해서, 스스로 자기를 치유하기 위해 제 몸을 방어하려 들기 때문이다. 소위 인간들이 말하는 기상이변, 지진, 온난화, 빙하기, 자연재해 등으로 말이다.

지구가 누구의 것이냐? 인간의 소유이니? 그건 아니란다. 지구는 우주의 수많은 생명체 중 하나인 지구의 것이란다. 인간은 지구에 기생하는 수억 개의 생명체 중 하나일 뿐이란다. 인간이 만든 통계에는 그 기생충의 숫자가 자꾸 늘어 현재는 65억 개의 개체라고 말하더구나. 그 기생물은 문명이라는 이름으로 지구를 자기 것인 양 착각하며 살 뿐이다.

서두에서 아빠는 지구는 여자 몸과 같다고 말했다. 태양의 아버지, 대지의 어머니인 지구는 수억만 개의 생명체를 품고 있다.

얘야, 네가 만일 지구라면 어떻게 하겠니? 당연히 자기 방어를 해야 할 것이다.

딸들아, 앞으로 넌 그런 예측불허의 시대에 살게 된다. 미래의 지구는 전쟁보다는 자기 방어에 의한 재앙이 더 큰 문제가 될 것이다. 작년 한 해 동안 지구가 자기 방어를 위해서 일으킨 치유(인간의 용어로 재해)로 얼마나 많은 인간들을 죽어갔는지 아니? 전쟁보다 몇 백 배 더 많았단다.

그게 너와 무슨 상관이 있느냐고? 넌 아파트 19층에 살고 있잖니? 진도 6.8에 우리나라 아파트가 얼마나 살아남을 것 같니?

아빠 어린 시절 할머님과 같이 산과 들로 많이 다녔다. 그때 소모님께서는 산에 가면 산에 살고 있는 모든 것들에게 경배를 드리고, 들에 가면 들판에, 강물을 건널 때는 강물에 두 손을 모으고 기도를 하셨단다.

바로 자연, 즉 지구라는 모든 생명체를 존경하고 경배하셨던 거지. 삼라만상의 모든 우주를 찬양하고 기도하셨다. 그런데 이제 인간들은 우주를 정복했다고 떠벌리더구나. 그러고도 이 지구에 기생하며 살아남기를 바라는지…….

딸들아.

넌 지구와 같이 생명체를 배 안에 품고 있는 대지의 어머니란다. 넌 한 생명체를 품고 있는 소중한 지구란다. 지구라는 자연을 경배하고 삼라만상을 존경하렴.

밤하늘에 떠 있는 수많은 잔별을 볼 때마다 네 뱃속은 또 하나의

별을 생성하는 귀중한 지구임을 항상 명심하렴. 사악하고 간악한 마음을 버리고 광활한 저 우주의 넓고 자비로운 마음을 배우도록 하렴. 밤하늘의 잔별들을 볼 때마다 네 몸이 지구임을 항상 명심하고 하심(下心)하며 겸손하게 처신하여라.

그러면 너는 별들의 은밀하고 신비한 속삭임을 들을 수가 있을 것이다. 자연이 말하는 소리에 항상 귀 기울여 들어보아라. 그럼 너는 지구라는 생명체가 말하는 신밀의 소리를 듣게 되고, 너와 네 가족들은 자연이 주는 재앙에서 벗어날 수가 있을 것이다.

그땐 몰랐죠

사랑하는 딸들아,

몇 해 전에 아빠가 아는 후배가 타계하여 문상을 간 적이 있었다. 금년에 우연히 그 부인을 길거리에서 만나 위로의 말을 전했더니 몹시 슬퍼하며 말하더라.

남편이 살아 있을 땐 몰랐는데 사별 후, 이젠 부부 사이가 무엇인지 깨달았다고 말이다. 그리고 회한에 차서 말하더구나. "그땐 몰랐죠, 질투심에 눈이 멀었기 때문에."

그 부인은 남들이 알 만큼 질투가 심했단다. 남편의 직장에까지 찾아와서 근무 중인 후배의 멱살을 잡고 욕설을 퍼부어 난처하게 만든 적도 있었다. 모두들 그 부인이 의부증에 걸려 저런 행동을 한다며 숙덕대었다. 그 부인의 행동은 상식을 벗어난 행패에 속했다.

그래도 그 후배는 자기 부인을 감싸며. 그 모든 책임이 자기에게 있었다고 했다. 몇 해 전에 노래방에서 만난 여자와 다방에서 차를 한잔하다가 우연히 자기 부인에게 들켰다고 했다.

그때부터 부인은 병적으로 질투를 하며 남편을 의심하기 시작했다. 그는 맹세코 그 여자와는 아무 관계가 없었다고 말했다. 직장 동료들도 그가 바람을 피울 사람이 아니라는 것은 모두 잘 알고 있었다. 그런 그가 부인에게는 오해와 의심을 받고 남 모르는 고통을 당했단다.

부부간의 배우자에 대한 오해와 질투, 참 무섭더라. 생사람을 잡더구나. 의부증에 과도한 스트레스로 병을 얻어 죽더라.

질투란 '자기보다 더 나은 사람을 미워하고 시기하는 행동'이란다. 사람은 '자기보다 더 못한 사람이라고 생각하면 질투를 하기보다는 동정'을 한단다.

후배의 경우, 부인은 남편이 자기보다 더 잘났다고 생각하며 시기하고 증오한 것이다. 그리고 부부 사이를 영원히 파멸로 몰고 간 것이다. 그리고 남편의 사후에야 자기의 질투와 증오가 얼마나 허망하게 끝났으며, 그 결과가 얼마나 비참하게 되었는지를 알게 된 것이다.

딸들아,

흔히 부부는 일심동체라고 부른다. 부부 사이에는 누가 더 우수하고 열등하다는 서열이 없다. 오직 사랑과 신뢰가 있을 뿐이란다.

남편의 행동을 너무 의심하지 마라. 너무 질투하지 마라. 무엇이든지 적당히 해라. 부부 사이의 사소한 오해와 질투가 엄청난 비극을 부른단다.

일이 터진 후에야, 앞서 그 부인처럼 '그땐 그걸 몰랐었죠'라고 하지 마라.

평생을 한 이불 속에서 잠을 잔 부부들은 노후에는 친구처럼 남는다. 그때 배우자의 지난 잘못을 따져 보면 웃을 일만 남는단다.

원칙이 있다

사랑하는 딸들아,

T.V를 보니 고위직 관료가 부부 싸움 끝에 넥타이로 부인의 목을 졸라 죽였더구나. 부부간의 인연생기의 법은 참 무섭더구나.

지난번에도 말한 바 있다만 부부는 3가지 유형이 있단다.

첫째는 금생에서 인연이 되어 서로를 도와주는 부부란다.

둘째는 아무 의미가 없이 그냥 자식 낳고 무덤덤하게 사는 부부란다.

셋째는 서로를 해치는 부부의 인연이란다.

이런 부부의 인연들은 참으로 무섭단다. 사소한 일로 일순간에 배우자를 해치고 후회한단다.

이 세상에서 결혼한 부부 치고 말다툼 하지 않고 싸우지 않는 부부는 없다. 만일 우리 부부는 한 번도 싸우지 않고 평생을 살았다고 하는 사람이 있다면, 그건 거짓말이거나 부부가 아니란다.

자기 입 속에 들어 있는 혀도 잘못하면 깨무는데 다른 환경에서 살아온 남남이 만나 부부로 사는데 왜 다툼이 없었겠느냐? 누구나 다투고 싸운단다. 하지만 서로 싸우는 방법도 여러 가지가 있다.

부부도 다른 동물들의 세계처럼 주도권 다툼을 한단다. 결혼해서 신혼 초에 주도권이 정해지는 부부도 있고, 평생 동안 주도권을 잡기 위해 전쟁을 하는 부부도 있단다.

앞서 말한 첫번째 유형의 부부는 남편이 화를 내면 부인이 참는다. 부인이 화를 내면 남편이 참는다. 그 이유는 서로가 자기 배우자를 이해하고 사랑하기 때문이다. 그래서 심각한 부부 싸움이 되지 않는다. 아빠도 엄마가 화를 내면 '미안해' 하고 웃으며 져 준다. 엄마에게 이기면 돈이 생기니 밥이 생기니? 그래서 싸우고 싶은 생각이 없어진다. 엄마도 아빠가 화를 낼 때는 그렇게 참아 준단다. 대다수의 부부들이 이렇게 산단다.

두 번째 부부 유형의 싸움이 문제란다. 부부가 서로 '세상 다른 사람에게 모두 져도 너에게만은 절대로 질 수가 없다'고 생각하는 유형이란다. 그 이유는 잠자리를 같이 하는 부부로서 신뢰감을 얻지 못했거나 서로를 너무 잘 알기 때문이란다. 그래서 절대로 질 수 없다며 평생을 툭탁거리며 싸운다. 부부의 주도권 서열이 가려질 때까지 싸운단다. 그래도 이들 부부에게는 서로 배우자를 향한 사랑이 밑바탕에 깔려 있는 경우이다.

세 번째 부부가 가장 큰 문제란다. 부부가 싸움을 할 때 서로가 증오심을 가지는 것이란다. 사소한 말다툼에도 격한 원망과 증오심을 가지고 상대를 해치려고만 한다.

앞서 예를 든 사례가 바로 그런 경우란다. 다른 부부들처럼 남편이 '잘못했어' 하면 끝이 날 일이었다. 그리고 그 부인이 '이 다음 늙어서 보자' 하면 끝이 날 일이었다. 그런데 '네가 나에게 그럴 수가 있니?' 하는 '욱' 하는 그 성질 때문에 참혹한 비극이 생겼구나.

바로 그 타오르는 격한 증오심 때문에 말이다. 남편의 그 증오심은 그 부인에 대한 것만이 아닐 수도 있다. 사회, 친구, 제도, 억압 또는 자식 등 평소에 쌓아두었던 그 모든 자신에 대한 감정이 한꺼번에 그 부인에게 폭발하여 사람을 상하게 만든 것이다. 바로 배우자에 대한 신뢰가 없었기 때문이란다.

그로 인해 순간적으로 이성을 잃어버리는 것이다.

딸들아,

배우자가 격한 감정으로 말하거든 잠시 피해 줘라. 잘못은 내일 따지고 이야기해도 얼마든지 된다. 그땐 네 남편이 싹싹 빌며 "어제는 내가 잘못했어" 하고 사과할지도 모른다. 그리고 부부 싸움에서 이긴다고 해서 득이 되는 게 뭐가 있니? 돈이 생기니? 먹을 게 생기니? 네 아이들만 상처를 받는단다.

부부는 누구나 싸우며 산다. 너희가 다투고 싸워도 그 원칙만은 지켜라. 너와 한 몸인 배우자에게 증오심을 갖지 마라. 만일 격한 감정이 생긴다면 그땐 냉각기를 가져라. 잠자리를 같이 하는 부부 사이에 생기는 증오심은 서로가 상대방을 너무 잘 알기 때문에 아주 격렬할 수도 있고, 또 어느 순간 눈 녹듯 사라지기도 한다.

 사랑하는 딸들아,

 부부 싸움에도 지켜야 할 원칙이 있다. 바로 '배우자에 대한 신뢰감'이다. 그것에 등을 돌려서는 안 된다.

 만일 너의 부부가 그 원칙을 깨뜨리고 서로 싸움을 계속 한다면, 네 삶은 어둠으로 밤을 밝히며 길을 가는 것과 같을 것이다.

거래의 대상이 아니다

사랑하는 딸들아,

넌, 네 아들 현우에게 반에서 3등 안에 들어가면 인라인 스케이트를 사 주겠다고 말하더구나. 얘야, 그건 자식을 교육시키는 데 좋은 방법이 아니란다. 넌, 교육의 동기유발을 위해서 그런 제안을 한 것 같구나.

그러나 그건 안 된다. 그럼 중학교에 들어가서 반에서 2등 안에 들어가면 무엇을 사줄래? 세칭 일류 대학에 들어가면 아파트를 사줄래? 교육은 거래의 대상이 아니다.

교육은 인간이 생존을 위해 살아남는 방법을 배우는 과정이란다. 그런데 인간으로서 당연히 배우는 과정을 거래의 대상으로 삼는다면 현우가 성인이 되었을 때 무엇으로 동기유발을 할 수가 있겠느냐?

그것은 마치 네 아이에게 밥 한 그릇을 다 먹으면 과자를 사 주겠다고 유혹하는 것과 같다. 현우가 밥을 먹는 것은 이 세상에 모든 생명들과 마찬가지로 자기가 살기 위해 먹는 것이란다.

차라리 현우에게 밥을 먹지 않으면 어떻게 되는지를 가르쳐 주어라. 공부를 하지 않으면 어떻게 되는가를 가르쳐 줘라.

우리 사회는 언제부터인가 거래의 대상이 아닌 것을 가지고 거래를 하려 들더구나.

야구대회에서 4강에 들어가면 병역을 면제시켜 주겠다고 했다. 넌 이걸 어떻게 생각하니? 야구에서 병역을 면제시켜 주면, 축구에서도 해줘야 하고, 스케이트에서도 해줘야 하고, 탁구도 해줘야 하고, 그럼 이 나라는 누가 지키니?

현우가 제 혼자서 밥을 먹고 학교에 가서 공부하듯 병역 의무도 거래의 대상이 아니란다. 차라리 입대 후, 기본 훈련기간이 끝나면 병역 특혜를 줘라. 그럼 공평하지 않으냐. 언제부터인가 우리 사회는 원칙이 없이 반칙이 난무하는 사회가 되었다.

한 국가가 유지되기 위해선 지켜야 할 원칙이 있다. 그것은 '공평과 형평성의 원리'이다. 그 원칙이 무너지면 국가의 근본도 무너진다. 모두가 원칙을 무시하고 반칙으로 살려 하기 때문이다.

애들아,

넌 네 아이들을 교육시키는 데 반칙하지 마라. 초등학교 때부터 촌지를 주고 교육을 시키면 대학생이 되면 무엇을 줄래. 네 아이의 최종 목표는 이 사회의 생존 경쟁에서 살아남는 법을 배우는 것이다.

그렇다면 차라리 초등학교 때부터 반칙 없이 살아남는 법을 배우게 해라. 초등학교에서부터 실패와 좌절의 쓴맛을 보게 되면 기회는 아직도 얼마든지 있다. 그러나 한 가정의 가장이 된 후 실패하면 더 큰 문제가 생긴다. 그땐 만회할 시간적 여유마저 없다.

딸들아,

네가 지나온 학창 시절을 생각해 보렴. 실패도 교육의 중요한 과정이란다. 거기서 살아남는 법을 배운다면 그 경험은 평생 동안 삶의 기본이 된다.

동물의 세계에서 강자로 살아남은 사자는 절대로 어미가 반칙으로 생존 교육을 시키지 않는다. 오직 원칙에 따라 살아남는 자만을 키운다.

실수도 수치심도 교육에서는 중요한 과정이다. 네 아이가 또래 집단에서 살아남을 수 있도록 실수를 너무 두려워하지 마라.

애야, 다시 한 번 말하지만 네 아이가 밥을 먹고 공부하는 일은 거래의 대상이 아니다. 엄마로서 오직 네가 해야 할 가장 중요한 일은, 당연한 일을 가지고 아이와 거래하려 들지 말고 타고난 자생력을 키워 주는 일이란다.

살구꽃 축제

사랑하는 딸들아,

며칠 동안 건강이 좋지 못해 너희들을 만나지 못했구나. 애야, 아빠도 이젠 늙었나 보다. 이 정도 일로 녹초가 되다니 한심한 생각이 든다.

딸들아,

아빠가 옛날에 개구리가 개골개골 울어대는 논복판에 빨간 지붕이 뽀쪽한 집을 지었구나. 그땐 그런 집이 유행을 했어.

네가 태중에 있을 때 엄마와 아빠는 소방서 뒤에 있는 방 3칸의 전셋집에 살았다. 아직도 그 집은 그 자리에 있어서 지금도 아빠는 술에 취하면 먼발치에서 그 집을 둘러보곤 한단다. 신혼 때를 생각하면서…….

사랑하는 큰애야,

아빠는 네가 세상에 태어나면 새로 지은 집으로 데려가고 싶었다. 그래서 없는 돈에 무리를 해서 억지로 집을 지었다. 돈이 없으니 아빠가 순전히 몸으로 때웠지.

여름철에 창문도 달지 못했는데 네가 태어났어. 할 수 없이 네가 있는 엄마 방에만 유리 창문을 달았지. 다른 방에는 창문도 달지 않고 입주를 했단다.

그 집에서 너희들 4남매를 모두 낳고 키웠구나. 식구들이 많았을 때는 할머니, 삼촌, 고모, 아빠 가족 등 11명이 같이 살기도 했지.

아빠는 엄마를 기쁘게 해주려고 마당에 온갖 나무와 꽃을 구해다 심었다. 사과, 포도, 매실, 배, 모과, 장미, 방울꽃, 접시꽃, 개나리꽃, 봉숭아꽃, 나팔꽃 등……

아빠는 꽃을 좋아하는 엄마가 즐거워하는 모습이 참 보기 좋았다. 길을 지나가는 사람들이 우리 집 마당을 들여다보며 무슨 식물원 같다고 말했어.

막내가 태어나던 해, 4월 5일 식목일에 집 마당에 살구꽃 나무를 한 그루 심었다. 옛날 아빠가 살던 고향집 마당에 살구꽃 나무가 생각나서 그랬지.

막내 첫돌이 지나고 그해 식목일에 가족들이 모두 살구꽃 축제를 하자고 했다. T.V에서 진해 벚꽃 축제를 보고 생각을 했나 봐. 그때 우리 가족은 그런 델 갈 여유가 없었거든.

너희들은 하루 내 마당에서 살구꽃 나무에 오색 전구를 달고 크리스마스 트리처럼 장식을 하며 즐거워하더구나. 그리고 밤이 되어 집 안의 모든 전등을 끄고 살구꽃 나무에 '하나 둘 셋' 하고 점등을 하며 박수를 쳤지, 하하하……

애야, 지금 생각하니 웃음이 절로 나오는구나. 너희들은 축제 일주일 전부터 준비를 하느라 부산을 떨었다.

해가 갈수록 살구꽃 나무는 더 크고 너희들은 점점 더 성장을 했지. 그리고 밤에 열리는 축제는 더 성대하게 치뤄졌지. 애야, 너 생각나니? 살구나무 밑에서 부르던 노래와 춤, 합창과 유희, 즐거운 웃음소리와 유쾌한 목소리……

그때 살구꽃 나무 한 그루와 과자 몇 봉지, 음료수 몇 병으로 우리 가족 모두는 이 세상에서 제일 행복했었다.

행복은 별게 아니더구나. 작은 것에 만족하며 스스로 만드는 것이었다. 우리 가족들이 '살구꽃 축제'로 이름 붙인 '작은 행복'은 이젠 희미한 사진 속에 남아 있구나.

이젠 살구꽃 축제 때 찍어둔 너희들 4남매의 사진들만 남아 있다. 살구꽃 나무는 없어졌고 너희들 남매는 제각기 흩어져서 사는구나. 그리고 아빠의 가슴속에는 그때 너희들이 행복해 하던 모습만 남아 있다.

애들아, 정말 고맙다. 엄마 아빠를 행복하게 해줘서 정말 고맙다.

지금 사진을 다시 보니 해가 거듭될수록 1년 만에 너희들의 모습은 많이도 변했구나. 살구나무도 많이 컸고 너희들도 많이 성장을 했지. 해마다 4월 5일 살구꽃 축제를 기념하는 사진 찍기는 너희들이 학교엘 가기 위해 객지로 떠날 때까지 계속되었다.

사랑하는 딸들아,
아빠의 인생에서 살구꽃 축제를 할 때가 제일 행복했다. 한 시대를 다 살고 생각하니 당시 엄마와 아빠는 건강했으며 삶이 즐거웠다. 바로 엄마와 아빠의 행복인 너희들이 있었기 때문이었다.
이제 생각하니 행복은 손길이 닿지 않는 저 멀리 있는 것이 아니었다. 물질적 풍요에서 오는 것도 아니었고, 권력과 명예에서 오는 것도 아니었다. 오직 가깝고도 다정한 내 사랑하는 가족들 마음속에 있었다.
딸들아,
너도 네 아이들에게 '봄의 꽃' 축제를 열어 주렴. 긴 겨울이 지나가고 새롭게 약동하는 생명들을 축복하는 그런 축제 말이다. 약간의 음료수와 빵, 과자 몇 봉지, 그리고 축제의 이름만 있으면 아이들은 즐거워하며 행복해 한단다.

정말 맞을까

사랑하는 딸들아,

아빠가 갑자기 다른 주제로 너희들에게 이야기를 하니 이상한 마음이 들겠구나. 그러나 얘야, 이 글들은 아빠 삶의 경험담이니 있는 그대로 네게 말해 주마.

얘야, 사람이란 생명을 결정짓는 운명의 시간이 있더구나. 소위 포물선의 꼭짓점이며 생명의 분기점이 분명히 있었다.

아빠의 운명의 날은 옛날, 멀지 않은 그 옛날, 12월 26일 11시30분부터 5시간 동안 시작되었다.

당시 아빠는 옆구리가 몹시 아파 일주일 정도 잠을 잘 수가 없었다. 그래서 병원에 갔더니 무슨 병인지 잘 모르겠다고 하더라. 그래서 아빠의 친구 제자가 하는 K내과에 갔더니, 그는 의서를 내보이면서 대상포진이 분명하다고 진단을 내렸다.

의사는 2일분의 대상포진 약을 지어 주며 혈압을 재 보자고 했다. 그런데 혈압이 높다고 하더라. 그는 참외 씨앗처럼 생긴 작은 약 한 알을 주었다. 약을 받아들고 아빠는 엄마와 만나기로 한 곳에 갔다.

아침에 출근하기 전에 엄마는 아빠가 건강이 안 좋아 힘들어하니 어떤 점쟁이 집에 가서 물어 보자고 했다. 그래서 12시 10분경, 병원에서 그 점쟁이 집에 갔다. 좀 쑥스럽더라.

평소 엄마와 아빠는 운명은 자기 스스로 만들며 개척하는 것이라고 믿는 사람이었다. 그리고 점(占)은 믿지 않았단다.

어떻게 자기 미래도 예측하지 못하는 사람들이 다른 사람들의 미래를 예언할 수가 있겠니? 그 자체가 상식적으로 불가능하다고 생각을 했었다.

아빠가 점쟁이 집에 가니 엄마가 기다리고 있었다. 점을 치는 중년 부인이 아빠에게 깃발을 뽑아 보라고 했어. 아빠는 흥미를 가지고 그렇게 했지.

그런데 그 중년 부인이 갑자기 심각한 얼굴로 아빠에게 지금 당장 병원으로 가라고 말했다. 그래서 아빠는 웃으며 물었지. 어느 병원?

그 부인은 무조건 당장 택시를 타고 대구나 서울 큰 병원으로 가라고 하더구나. 그때 시간이 12시 30분경이었지.

아빠가 무슨 생각을 했었겠니? 양복 안주머니 속에는 조금 전 병원에서 받아 온 대상포진 약과 혈압 약이 들어 있었다. 그런데도 병원에 가라니.

그래서 아빠가 말했지. 방금 병원에서 약을 받아 오는 길인데 또 병원에 가라고 하느냐고. 그런데도 그 부인은 막무가내로 큰 병원에 가라는 거야. 큰 병이 왔다고 지금 당장 가라고 했다.

엄마와 아빠는 그 집을 나와 택시를 타고 집으로 왔다. 상식선에서 다시 한 번 생각을 해보자. 30분 전에 병원에서 약을 타 왔는데 그 점쟁이의 말을 듣고 또 다른 도시의 큰 병원을 찾아가야 하겠니? 아니면 집에 가서 약을 먹어야 하겠니?

오후 1시에 집에 돌아와서 엄마가 점심을 차려 주더구나. 아빠는 밥을 먹고 의사가 지시한 대로 혈압 약을 먹고 바로 누워 잠이 들었다.

20분 정도 잠을 자고 일어나 바지를 입으려는데 자꾸만 쓰려지려 하더구나. 엄마가 놀라면서 아빠가 이상하다고 말했다. 그러나 아빠는 자다가 일어나 잠에 취해서 그런 줄 알았지.

엄마가 억지로 아빠의 열 손가락에 모두 사혈을 하더구나. 아빠는 귀찮게 한다고 엄마에게 신경질을 부렸지만 말이 제대로 되지 않았어. 그런데 왼쪽 중지와 약지를 사혈하자 피가 나오지 않았다.

아빠도 그때서야 '아차!' 싶더구나. 급하게 병원에 전화를 했더니 의사가 빨리 오라고 했다.

그때 큰애, 너와 아빠가 택시를 타고 병원에 갔지. 병원에서 C.T

를 찍었을 때 출혈이 있다고 빨리 큰 병원으로 가라고 했다. 뇌에는 이미 밤알 크기의 출혈이 있었다. 그때 시간이 오후 4시였다. 생과 사가 결정되는 시간이었다.

실제로 아빠의 친구 모 교수는 점심식사 도중 뇌출혈로 쓰러져서 인근 병원까지 가는 데 겨우 25분이 걸렸는데도 손을 쓸 수 없었다.

사랑하는 딸들아,

아빠가 여기서 너희들에게 남기고 싶은 말은 두 가지로 요약된다.

첫째, 평생을 살아가는 동안 사람은 인생의 분기점, 즉 운명의 시간이 있다. 그것은 운명을 결정짓는 마의 시간대, 즉 아빠의 경우에는 그날 오후 2시부터 오후 6시까지가 운명의 시간대였다.

그것은 교통사고가 될 수도 있었고, 병마의 시간이 될 수도 있으며, 재난의 시간이 될 수도 있다. 바로 재앙의 시간인 것이다. 그때를 잘 피하라는 것이다. 그것은 평소 아빠의 지론처럼 우주를 감싸고 있는 신을 경배하며 끊임없는 자기 수행과 정진으로 자신의 지혜를 밝히라는 것이다.

뇌에 출혈이 있는 경우, 집에서 병원까지 아무리 빨리 가도 20분이면 치명상을 입고 50분이 경과하면 의식을 잃는단다. 그런데 아빠는 출혈 상태에서 2시간 가까이 걸어서 돌아다니며 보냈어도 목숨을 건질 수 있었다. 그것은 단 한 가지 처방이 있었기 때문이란다. 넌 잘 알지, 그게 무엇인지?

딸들아,

그게 무엇인지 꼭 알고 싶다면 여기서 알려 줄 수도 있다. 그때 엄마가 아빠에게 사혈한 방법은 대구 약전골목의 유명한 한의사 집에서 가업으로 전해 오는 비법이란다. 아빠는 우연한 기회에 그 방법을 배워 엄마에게 알려 주었고 그걸 엄마가 잊지 않고 있었다.

둘째, 12시 30분에 만난 그 점쟁이가 한 시간 뒤에 일어날 아빠의 미래를 어떻게 정확하게 예측할 수가 있었느냐, 하는 문제이다.

아빠는 지금도 간혹 그날 일을 시간대별로 재구성해 본다. 그리고 그 점쟁이가 다급하게 아빠에게 말했던 내용을 되새겨 본다. 당시 그분은 분명히 아빠의 절대 절명의 운명의 시간을 알고 있었다.

그런데 아빠는 방금 병원에 다녀왔기 때문에 오판을 하고 그 점쟁이의 말을 듣지 않았다. 지금도 생각해 보면 정말 불가사의한 일이 더구나. 아빠는 그 뒤 몇 차례 그분을 직업적인 흥미로 만나 보았으나 그 외 별다른 의미가 없었다. 여기서 별다른 의미란 그분의 일이 평범하다는 말로 표현하마.

사람이 곤경에 처해 마음이 흔들리고 약해지면 점쟁이 말을 믿게 되고, 신념이 강하고 자신을 믿는 마음이 확실한 사람은 점쟁이 말에 귀를 기울이지 않는다.

그러나 명심해라. 지혜가 밝은 사람은 한순간에 신밀의 소리를 듣고 미래의 일을 정확하게 예측할 수 있는 능력이 있다. 그 능력은 순간적이며 한시적일 수도 있다.

딸들아,
아빠의 경험담을 들으니 어떤 생각이 드니? 정말 그런 일이 있었을까 하는 생각이 들지? 그러나 얘들아, 평생을 사는 사람들은 온갖 것을 경험하고 체험한다. 경험 자체가 사실의 지혜이며, 그 사실 자체가 삶의 가르침이란다.

정말 무섭다

사랑하는 딸들아,

아빠는 오늘날까지 두 번의 전쟁을 경험했다. 한 번은 어린 시절 동족간의 전쟁을 봤구나. 그땐 어린 나이로 아무것도 몰랐었지. 전쟁 중엔 조모님과 둘이서 피난을 다녔어.

한번은 가족들의 피난지인 곡강으로 가기 위해 척금대 언덕을 넘어갔다. 지금 생각하니 무척 더운 여름철이었어. 언덕 위에 올라가니 한 무더기의 탄피가 햇볕에 반짝이더구나. 난 좋아서 그걸 호주머니 속에 집어넣었지. 그런데 난데없이 밭둑 밑에서 한 무리의 병사들이 소리를 지르는 거야.

"아이쿠, 할머니 죽고 싶어요! 손자 데리고 빨리 저리 가요."

천둥같이 화를 내더구나. 할 수 없이 할머니와 손을 잡고 발길을 재촉했다. 그런데 또 한 무더기의 탄피가 있는 거야. 허리를 굽혀

주우려고 했지. 그런데 이번에는 다른 색깔의 군복을 입은 병사들이 화를 내며 소리를 질러 쫓아내더구나.

우리는 겁에 질려 도망을 쳤지. 할머니와 그곳을 빠져 나오자 바로 '탕, 탕' 총을 쏘며 교전을 하더구나. 나이 많은 할머니와 어린 손자가 한창 교전 중인 지역으로 들어오자 쌍방의 병사들이 놀라서 잠시 전투를 중지한 거야, 어허허……

아빠 말이 거짓말 같지? 그러나 얘야, 아빠의 기억 속에는 마치 어제 일처럼 생생하구나. 지금 생각하니 양쪽의 병사들이 얼마나 황당했겠어.

또 한 번의 전쟁은 낯선 나라에 가서 보았구나. 그곳에서 전쟁의 비참한 참상을 보았다.

일반적으로 사람이 다른 사람을 상하게 만들면 형법에 의해 처벌을 받는다. 그러나 전쟁 중에는 그런 법의 적용을 받지 않아. 전쟁은 바로 그런 초법적인 지위에서 사람들을 상하게 만드는 거야. 전쟁이라는 이름으로 살상을 허용하는 거지.

아빠는 이 지구상에 일어나는 여러 가지 문제 중 전쟁만큼 추악한 범죄 행위는 없다고 생각한다. 그리고 어떤 경우에도 전쟁을 해서는 안 된다고 생각한다.

전쟁에서 군인들은 생각보다 많이 죽지 않는단다. 젊은 그들은 동작이 빨라 쉽게 당하지 않지. 오직 힘없는 노약자들과 어린이, 여자들만 상한단다.

딸들아,

분단국가에서 반세기가 지나도록 불안한 평화가 계속되고 있구나. 한반도의 과거사는 분열과 합산을 반복하는 역사였다.

아빠와 너는, 분단의 역사 속에서 이 땅에 태어났구나. 우리가 태어난 한반도가 합(合)의 시대였다면 아빠가 네게 이런 글을 남길 필요가 없겠지.

마찬가지로 북쪽의 한 아버지도 아빠처럼 자식들의 장래를 걱정하며 이런 글을 남기고 있을지도 모르겠구나. 남과 북, 모든 부모들의 마음이 똑같을진데 왜 그런 걱정을 하지 않겠니?

딸들아,

무슨 일이 있어도 이 땅에 전쟁만큼은 있어서는 안 된다. 전쟁만큼 추악한 범죄와 죄악은 없다. 전쟁만큼 인간성을 말살시키는 행위가 없다. 전쟁은 바로 인간이기를 포기하는 가장 어리석은 자들의 행동이기 때문이다.

전쟁 영화 속의 주인공들은 낭만도 있고 스릴도 있더구나. 그러나 실제 전투에서는 그런 것들은 없었다. 오직 미친 짐승이 인간이기를 포기하는 모습만 남아 있었다. 그래서 전쟁이 제일 무섭다고 하는 것이다.

사랑하는 딸들아,

오늘을 사는 우리들은 평화를 고맙고 소중하게 생각해야 한다. T.V 뉴스를 보렴. 어느 하루라도 전쟁에 관한 뉴스가 빠지는 날들이 있었던가?

    반세기 동안 평온에 젖은 사람들은 우리가 누리는 평화가 당연한 것으로 생각하고 그 소중함을 모르는 것 같더구나.

    평화는 바로 그걸 누릴 수 있는 자격을 가진 사람들만이 향유할 수 있는 소중한 보석이란다. 전쟁이 얼마나 우연적이고 극단적인가를 모르는 사람들이 너무 많은 것 같아 이런 말로 대신한다.

좋은 연을 걸어라

사랑하는 딸들아,

작년 10월부터 이 글들을 집필했으니 어느덧 6개월의 시간이 흘러갔구나.

그동안 가을과 겨울, 두 계절이 지나가고 어느새 봄이 왔네. 아빠의 보잘 것 없는 잔소리를 싫다 않고 들어주니 고맙구나. 그동안 좋은 연(緣)을 맺은 많은 딸들에게 진심으로 감사의 인사를 전하고 싶다.

'좋은 인(因)을 지으면 좋은 결과를 받게 되고 나쁜 인(因)을 지으면 나쁜 결과를 받게 된다.'

얘야, 넌 이 말을 어떻게 생각하니? 넌 내 말에 동의를 하지 않는구나.

"아빠, 요즘은 남에게 해를 끼치고 욕먹는 사람들이 더 잘살아요."

넌 아빠에게 이 말을 하려고 했지?

딸들아,

네 앞에 놓여 있는 현재라는 화면에민 나오는 T.V 속에서는 네 말이 맞다. 그러나 과거, 현재, 미래가 동시에 나오는 3대의 T.V를 같이 놓고 보면 해석이 달라진단다.

과거라는 화면 속에서 이런 원인(原因)을 지이 흰새 화년에서는 이런 연(緣)이 되고, 현재 화면에서 이런 인(因)을 지어 미래 화면에서는 이런 과(果)를 받게 된다.

왜 일가족 모두를 태우고 즐겁게 벚꽃 구경을 가는 승용차를 대형 트럭이 고속도로 위에서 깔아뭉개 몰살시켜 놓니?

왜 교차로 신문을 보고 취업을 하려는 착한 아가씨를 유인하여 카드를 빼앗고 죽이니? 아무 죄도 없이 당하는 사람들은 얼마나 억울하고 원통하겠니? 우연이라고? 재수가 없어서 그렇게 되었다고? 정말 그렇게 생각하니?

그래서 '전생인(前生因)을 알려거든 금세에서 받는 그것이요, 내생과(來生果)를 알려거든 지금 짓는 그것' 이라고 말을 한다.

불의의 사고로 억울하게 저편으로 먼저 간 사람들이 화가 나서 신에게 "내가 뭘 잘못했는데" 하고 따지고 들었더니 앞에 놓인 3대의 T.V에 동시 방영되는 화면을 보여 주면서 설명하더란다.

아빠가 그걸 봤냐고? 난 못 봤어. 이편에서 그걸 동시에 보는 능력을 가진 사람들의 이야기를 듣고 전하는 것뿐이란다.

딸들아,

아빠가 여기서 네게 말하고 싶은 요점의 핵심은 위의 내용이 아니라 다른 이야기란다.

금생에서 너와 난 사람으로 태어나 부녀지간이 되었구나. 우린 누가 뭐라고 해도 남에게 해를 끼치는 사람은 되지 말자. 적어도 현생(現生)에서 우리 부녀는 다른 사람에게 나쁜 인(因)을 심어 주는 일은 하지 말자는 것이다.

그것이 사람이건 개미이건 위대한 조물주가 창조한 생명을 가진 모든 것들에게 가급적 상처 주고 해치는 일은 하지 말자는 것이다. 사람은 악(惡)을 인연(因緣)하면 악연(惡緣)이 된다.

사랑하는 애야,

새 생명을 창조하는 몸을 가진 너는, 평소 남에게 작은 것도 베풀고 도와주는 선한 인(因)을 심어라. 그래서 너와 인연이 된 모든 사람들이 좋은 연(緣)이 되도록 부단히 노력하여라. 그럼 넌 불의의 재앙으로부터 네 가족들을 보호하는 방패막이가 될 것이다.

내가 있어 그 모든 게 있다

사랑하는 딸들아,

요즘 사람들은 목숨을 너무 가볍게 생각하더구나. T. V를 보니 너무 많은 사람들이 자살을 하더라. 지하철에서 뛰어내려 죽고, 극약을 먹고 죽고, 아파트에서 뛰어내려 스스로 목숨을 끊더구나. 자살하는 사람들은 모두가 극도에 절망감에 빠져 스스로의 삶을 포기한다.

딸들아,

이 세상은 내가 있어 모든 것이 존재한다. 찬란한 태양, 바다, 푸른 하늘, 이슬, 부, 권력, 우주, 지구, 별, 꽃, 사랑 등 그 모든 게 내가 살아 있어 존재한다.

그런데 그 모든 것을 버리고 내 목숨을 끊어야 할 정도로 중요한 일이 이 세상에 또 있다더냐? 이 세상에 내가 목숨을 끊어야 할 정도로 중요한 일은 결단코 없단다.

딸들아,

눈을 감아 보렴, 하늘의 태양도 내가 눈을 감으면 없어지고 만다. 이 세상에 존재하는 모든 것은 내가 살아 있기 때문에 그 자리에 있고 의미가 있다.

얘들아, 목숨을 소중하게 생각하렴. 다른 일들은 시계 바늘처럼 되돌려 회복할 수가 있지만, 한번 버린 목숨은 결단코 되찾아 올 수가 없단다. 옛말에 '죽은 정승보다는 살아 있는 정승 집 개 팔자가 더 좋다'고 했다.

딸들아,

아빠는 전쟁터에서 자살하려는 사람들은 본 적이 없다. 자살한다고 큰소리 치던 사람도 포탄에 맞아 산산조각이 나는 다른 사람들의 몸뚱이를 보면 살지 못해 악을 쓰며 발버둥을 친단다.

병원 중환자실에 가 보렴, 오늘도 수많은 환자들이 살기 위해 눈물겨운 투병 생활을 하고 있다. 오직 하나뿐인 생명의 끈을 놓지 않기 위해 힘겨운 투병 생활을 하고 있다.

그분들에게 건강하게 1년만 더 살게 해줄 테니 전 재산을 내놓겠느냐고 어디 한번 물어보렴.

얘들아,

정말 죽고 싶다면 그분들에게 차라리 너를 주렴. 넌 이 세상에 태어날 때 10억 분의 1 확률로 태어난 아주 소중하고 값비싼 몸이란다.

그렇게 값진 너를 사소한 일로 철없이 버려서야 되겠니? 중환자실에 누워서 고통 받는 분들이 그걸 본다면 뭐라고 하겠니? 부끄러운 마음이 들지 않니?

네가 있어 가족, 사회, 동창, 애인, 직장, 국가, 형제, 친구가 있단다. 그 중심에 네가 있다.

네가 존재하기 때문에 그 모든 관계가 형성되고 이루어진다. 네가 없어져서 그 모든 사람들에게 줄 상처를 생각해 보았니? 남아 있는 사람들의 고통과 시련을 생각해 보았니? 너로 인해 남아 있는 사람들의 인간관계가 파멸된다면 얼마나 큰 죄악이니?

사랑하는 딸들아,

오늘 아침에 솟아오르는 저 찬란한 태양도 너를 위해 떠오른단다. 하나뿐인 네 태양이 캄캄한 어둠의 나락으로 떨어지지 않도록 항상 간수 잘하렴.

신이 준 소중한 생명을 인간 스스로 포기할 권리는 어느 누구에게도 없다. 그것을 가져 갈 권리는 오직 신에게만 있다.

정말 네가 죽고 싶다면 뭐가 그리 급하니? 한 번 더 생각해 보고 천천히 죽어라. 결혼을 해서 자식을 낳고 나이가 쉰 살쯤 되거든 그 때 가서 한 번 심각하게 자살을 생각해 보거라. 그럼 넌 살지 못해 악을 쓰며 발버둥 치는 네 모습을 보며 웃게 될 것이다.

정말 있을까

사랑하는 딸들아,

귀신이 정말 있을까? 정말 있단다. 아빠는 본 적이 있거든. 네 눈이 호기심으로 가득 찼구나, 하하하……. 60 평생을 살다 보니 별일도 다 있더구나.

넌 아무래도 못 믿겠는 표정이구나. 아무렴 아빠가 네게 거짓말을 하겠니? 정말 봤어. 그 얘기를 해주랴?

아빠가 젊은 시절 고향에서 잠시 면서기를 한 적이 있었다. 그땐 참 살기가 어려운 시절이었지. 당시 아빠는 27세로 네 엄마와 결혼하기 전이었다.

하루는 담당 동네로 출장을 가게 되었다. 지금은 행정 편제가 도시는 동(洞), 시골은 리(里)로 부르지만 그땐 시골도 말단 행정구역을 동(洞)으로 불렀던 시절이었다.

아빠는 무창 2동 담당 면서기였다. 지금은 그 동네가 이농으로 열 가구 정도 남아 있지만 당시는 70호가 넘는 큰 마을이었다. 지난 봄에 그곳에 가 봤어.

무창 2동은 영양에서 영해로 가는 창수재를 넘기 전, 지방도에서 자전거가 겨우 다닐 정도로 좁은 산길을 4km 정도 더 들어가야 하는 깊은 산 속에 있었다. 화전민 촌이야. 당시만 해도 마을 사람들은 큰 짐승을 간혹 본다고 말했다.

무창 2동에 한번 출장을 가자면 아빠는 읍내에서 자전거를 타고 1차선 자갈길을 16km 가서 다시 산길 4km 더 가야 했다.

그때가 아마 추운 1월로 기억이 되는구나. 삭풍이 무섭게 불어오는 겨울철 오후 늦게 무창 2동으로 출장을 갔다. 당시는 새마을 사업이 한창이던 때였어.

자정 무렵에야 일이 겨우 끝이 나서 동장 집에서 저녁을 얻어먹었지. 밥을 먹고 일어나서 자전거를 타고 소재지로 나간다고 하니 마을 사람들이 모두 말리더구나. 첩첩산중에 눈이 쌓인 겨울철이라 호랑이가 사람을 해친다고 만류를 했다. 그런데도 아빠는 뿌리치고 밤길을 나섰지.

당시 아빠는 전쟁터에서 갓 돌아온 사람으로 무서운 게 없는 청년이었다. 그때는 사람이 제일 무섭다고 생각을 했어. 달빛이 파랗게 비치는 눈 덮인 산길을 자전거를 타고 마을을 나섰다. 첩첩산중의 깊은 산 속, 쌓인 눈, 눈부신 하얀 달빛, 무인지대의 적막함과 바람의 굉음……

 마을에서 경사가 심한 산길을 자전거를 타고 가면서도 무서운 생각은 안 들었어. 그저 자전거가 위험한 산길에서 굴러 떨어지진 않을까, 신경을 많이 썼지. 산길 위쪽은 우거진 숲, 아래쪽은 경사가 심한 화전민의 밭을 지나갔어.

 그때 아빠가 무엇을 본 줄 아니? 산길 아래쪽 밭복판에 어떤 노인이 갑자기 나타났어. 하얀 두루마기 자락을 바람에 펄럭이며 저쪽 밭에서 아빠의 자전거를 따라오고 있더구나.

 깊은 밤에 자전거를 타고 가는데 갑자기 어떤 노인이 나타나 따라온다고 생각하니 이상한 생각이 들더라. 왈칵 무서운 생각이 들었다. 그래서 자전거를 세웠지. 그랬더니 두루마기 자락을 삭풍에 펄럭이며 영감도 따라서 서더구나.

 아빠는 잠시 어떻게 할까 생각을 했다. 한참 영감을 노려보다 다시 자전거를 타니 또 따라오더구나. 그래서 할 수 없이 자전거를 세우고 담배 한 개비에 불을 붙였단다. 참 무섭고 난감하더구나. 그냥 도망가려다 생각하니 슬며시 화가 났어.

 아빠가 자전거를 타고 그냥 가면 또 따라올 거 아냐. 그래서 아빠는 영감을 만나 왜 따라오는지 따져 보기로 결심을 했다.

 아빠가 눈이 덮인 밭에 들어서자 영감은 저만치서 하얀 두루마기 자락을 바람에 펄럭이며 푸른 달빛 속에서 아빠를 마주 노려보더구나. 망할 영감쟁이 그냥 두나 봐라. 깊은 밤에 산 속에서 장난을 쳐서 사람을 놀라게 하다니. 아빠는 화를 내며 영감에게 다가갔다.

그 영감이 누군 줄 아니? 어디 한번 맞춰 보렴. T.V 방송을 보니 귀신도 많이 나오더구나. 아빠는 전쟁터에서 산산조각이 난 시체 옆에서 밤을 샌 적도 있었지만 귀신을 만난 적은 없었다. 궁금하면 「킬러밸리」를 보렴, 무서운 게 없었지. 그런데 달빛 밝은 깊은 산 속에서 귀신을 만났다는 게 말이나 돼?

아빠가 본 귀신은, 밭둑에 서 있는 싸리나무 가지에 걸려 바람에 굉음을 내며 펄럭이는 하얀 비닐조각이었다.

그 비닐조각이 바람에 날려 아빠가 자전거를 타고 움직이며 귀신이 되어 따라왔단다. 그리고 아빠가 자전거를 세우면 귀신도 그 자리에 섰다. 그건 귀신이 따라온 게 아니라 아빠의 자전거가 움직여서 생긴 일이었다.

그때 만일 아빠가 무서워서 도망을 쳤다면 이 글에서 젊은 시절 아빠는 귀신을 만나 도망을 친 적이 있었다고 너희들에게 말했을 것이다. 아빠도 모르게 마음이 두려움에 차 있었던 거야.

사랑하는 딸들아,

내 마음이 어둡고 두려움에 차면 귀신이 되고, 내 마음이 맑고 밝으면 귀신은 없단다. 그 모두가 마음이 만들어 낸 장난이란다.

그때 그렇게 할걸

사랑하는 딸들아,

우리가 잘 쓰는 말 중에 '시행착오'라는 말이 있다. 시행착오는 쥐의 미로학습에서 나온 말로, 생쥐를 미로 속에 갇아두면 수많은 착오 끝에 미로를 빠져 나오는 학습을 말한다.

인간도 생쥐처럼 삶의 미로에서 평생을 살면서 수많은 시행착오를 한단다. 그리고 지나고 나면 그때 그렇게 할걸, 후회하며 교훈을 배운다.

그리고 살면서 '그때 그렇게 했으면 지금은 이렇게 되지 않았을 것이다' 하고 후회를 한다. 그때 그렇게 한 것 중에 단 한 번의 판단 착오가 사람의 인생관 전체를 바꾸어 버리기도 한다. 결혼 같은 것 말이다. 한 번 실수를 하면 평생이 바뀐단다. 보증 한 번 잘못 서 인생이 180도로 바뀐 사람들도 많단다.

지난 밤에 T. V를 보니 경제난 때 보증을 잘못 서 사업에 실패한 기업가가 산 속에 들어가 도사가 되었더구나. 유능한 기업가에서 백수도사로 팔자가 바뀐 것이다. 그분이 그때 도사가 되지 않았다면 목숨까지 잃었을 것이다.

딸들아,

내 어린 시절에 조부님께서 밥상머리에서 이런 말씀을 자주 하셨단다.

"남자는 한 번 실수하면 15년을, 여자는 한 번 실수하면 평생이 바뀐다."

아빠는 살아오면서 조부님이 어린 시절에 하신 말씀의 의미를 새겨 보려 노력하였다. 정말 남자는 한 번 실수하면 15년 안에 일어서기가 어렵더구나. 여자는 결혼 한 번 잘못하니 평생이 바뀌더라. 아빠는 살면서 그런 사람들을 여럿 봤어.

아빠도 평생을 살아오면서 '그때 그렇게 했으면 지금은 이렇게 되었을걸' 하고 후회하는 일들이 아주 많았단다. 그중에는 아주 큰 일도 있었고 작고 사소한 일도 있었다.

지금도 기억나는 아빠의 후회는 직장이었다. 젊어서 도서관으로 갈 기회가 있었는데 어떤 사정으로 그렇게 하지 못했다. 아빠는 지금도 그때를 생각하면 아쉽고 후회가 되는구나. '그때 거길 갔으면 지금은 이렇게 되었을걸' 하고 말이다.

솔직히 고백하건데 아빠의 일생은 '그때 그렇게 했으면 지금은

이렇게 되었을걸' 후회하는 삶의 연속이었다.

　딸들아, 넌 그런 후회하는 삶을 살지 않도록 신중하게 생각하고 결정하렴. 어떤 결정을 내릴 때, 즉흥적이고 충동적인 판단은 나중에 반드시 후회를 하게 만들더구나.

　넌 어떤 일을 하든지 충동적으로 하지 마라. 즉흥적이고 순간적인 판단으로 결정을 내리지 마라. 그렇게 하면 반드시 후회하게 된단다. 충분히 그걸 생각하고 천천히 결정을 내려라. 시간이 어디 좀 먹니?

　순간의 결정은 평생을 후회하게 만든단다. 현명한 사람은 '지금 당장'이 아니고 언제나 다시 한 번 생각해 보고 결정을 내린다.

　사랑하는 딸들아,

　누가 얼마나 후회를 적게 하는 삶을 살았는가에 따라 노후에 '만족과 후회'라는 이름으로 자신을 평가한단다.

너도 딸 낳아 보렴

사랑하는 딸아,

어제 너는 실컷 낮잠을 늘어지게 자더니 저녁도 먹지 않고 외출을 하더구나. 스커트 길이가 너무 짧아 속옷이 보이기에 좀 긴 옷으로 갈아입고 나가라고 했더니 "아빠, 요즘 모두 이렇게 입어요" 하며 도망치듯 외출을 하더구나.

"밥이라도 먹고 나가야지" 했더니 "안 먹어도 되요" 하며 나가는구나.

"일찍 들어와, 휴대폰 꺼놓지 말고."

엄마의 당부에도 넌 들은 척도 않고 나가더라.

자정이 가까워지자 엄마가 걱정을 하며 너에게 전화를 하더라. 엄마는 네가 저녁을 먹지 않고 나가서 몹시 걱정이 되는 모양이었다.

"여보, 애 휴대폰이 꺼져 있어요. 어쩌죠?"

"놀다 오겠지, 그만 잡시다."

새벽 1시가 되어도 너는 귀가하지 않더구나. 애야, 아빠도 슬며시 걱정이 되더라. 방송에 보니 밤늦게 다니는 여자를 아무 이유 없이 칼로 찌르고 달아나는 미친놈이 있더라.

또 여자를 무슨 사냥감으로 생각하는지, 애나 어른 가리지 않고 함부로 덮치는 정신없는 놈도 있더구나. 하도 험악한 세상이라 어디 마음 놓고 딸을 키우겠니? 왜 세상이 이 지경이 되었는지 한심한 생각이 든다. 왜 사회가 이렇게 험악한 세상으로 변했는지 무섭기만 하다.

아빠가 어린 시절엔 교통 사고가 나서 사람이 다치면 6개월 동안 마을이 시끄러웠다. 사람이 죽으면 그 뉴스는 1년 동안 동네를 떠들썩하게 만들었다.

그런데 이젠 살인, 강도, 납치, 유괴, 교통 사고, 성폭행 등 흉악범이 판치는 세상이 되었구나. 사람이 죽어도 그때뿐이야. 방송을 보니 마치 누가 더 많은 사람을 죽이는지 경쟁이라도 하는 것 같구나.

아빠는 이런 세상이 싫다. 어쩌다 딸이 밤늦게 들어와도 별 흉악한 생각이 다 드는 이런 나라가 싫다. 법치국가의 기강이 무너지고 통치력이 상실된 이런 국가가 염려스럽다. 죄를 짓고도 오히려 큰 소리 치며 사는 사람들이 날뛰는 이런 세상이 싫다.

사랑하는 딸들아,

넌 외출하여 밤이 늦어 친구 집에서 잤다지만 부모의 입장에서는 별 생각이 다 드는 이런 세상과 국가에 환멸을 느낀다.

넌 배터리가 다 되 휴대폰이 꺼졌다지만, 잠시만 통신이 두절돼도 T.V에서 본 흉악범의 뻔뻔스런 얼굴 모습이 떠오르는 이런 나라가 걱정이 된다.

딸들아, 밤늦게 귀가하지 않는 너를 기다리며 안달복달하는 부모의 입장을 생각해 보았니?

"아빠, 걱정하지 마세요. 알아서 할게요."

그렇게 말만하면 다냐?

제발 좀 알아서 하지 말고 집에서 걱정하는 부모 입장을 생각해 다오. 너를 걱정하며 밤새 잠 못 이루는 부모를 생각해 다오.

넌 나중에 꼭 너 닮은 딸을 낳을 것이다. 그리하여 지금의 엄마와 아빠의 심정을 이해하게 될 날이 올 것이다. 다만 그땐 딸이 밤늦게 들어와도 부모가 걱정하지 않는 그런 세상이 되었으면 좋겠구나.

적당히 해라

사랑하는 딸들아,

넌 어렸을 때부터 무엇이든지 모으는 습관을 가지고 있더구나. 어쩌다 네 책상 서랍을 열어 보면 온갖 잡동사니들이 다 있었지.

넌 어릴 때부터 소유에 무척 집착이 강했단다. 걸음을 걸을 때부터 자기가 덮고 자는 이불을 꼭 껴안고 다녔어.

유명한 예술가들은 모두가 집착에 강한 면이 있었다. 그들은 한 가지에 빠져들면 절대로 포기하지 않았지. 평생 동안 그림에만 집착하여 그 분야의 대가가 된 사람들도 있었다. 이건 모두 집착을 긍정적인 의미에서 본 견해란다.

교육 용어 중에 '투사'란 말이 있다. 투사란 자기의 결점을 커버하기 위해 다른 분야에 집착하여 타인보다 더 열심히 노력하여 어떤 일을 성취하는 경우를 말한다.

정치인들 중에는 키가 작은 사람들이 성공을 하는 경우가 많더구나. 키가 작은 핸디캡을 다른 것으로 보상 받기 위해 열심히 노력하여 성공한 사람들의 경우이다. 나폴레옹도 그랬고, 우리나라에도 그런 분이 있었지.

하지만 남녀관계에서 상대방에게 너무 집착하면 사랑을 잃는단다. 사업가가 돈에 너무 집착하면 자신의 목숨까지 잃는 다.

옛날 선인들이 말하기를 '재패(財敗)를 보면 인패(人敗)까지 본다' 고 했다. 경제난 때 회사가 망하니 자살하는 사람들이 의외로 많더구나. 모두가 돈에 너무 강한 집착을 했기 때문에 일어나는 불행이었다.

남편이 아내에게 너무 집착하면 의처증 환자가 된다. 아내가 남편에게 너무 집착하면 의부증 환자가 된다. 부모가 자식에게 너무 집착하면 자식을 잃는다.

집착이란 말을 사전에서 찾아보면 '어떤 일에 너무 마음이 쏠려 떠나지 아니함' 이라고 나온다. 집착은 사랑과는 다르단다. 즉 '마음이 쏠려' 라는 말이 문제란다.

마음이 쏠리는 '빠져서 정신이 없음, 빠져서 옳고 그른 것을 판단 못함, 빠져서 사리분별을 하지 못함' 으로 해석한다.

딸들아. 너와 인연이 되지 않은 남자들에게 너무 집착하지 마라. 그럼 넌 평생 동안 잊을 수 없는 상처를 받게 된다.

자식들의 성적에 너무 집착하지 마라. 공부보다는 건강이 더 중요하다. 돈에 너무 집착하지 말라. 남편의 장래를 망친다. 너의 애완견 쿠키에게 너무 집착하지 마라. 쿠키는 너보다 더 오래 살 수가 없어 죽으면 상처 받는다.

무슨 일이든지 열심히 노력은 하되 너무 집착은 하지 마라. 요즘 너는 한 가지 일에 너무 집착을 하더구나.

집착의 가장 큰 문제점은, 주변에서 그것의 부작용을 아무리 일러주고 충고를 해줘도 정작 당사자는 그게 집착인 줄 모르는 데 있다. 사람은 집착이 강하면 그만큼 어리석어진단다.

집착에 너무 빠지면 결국에는 자신의 마음까지 태우게 된다. 무엇이든지 적당히 해라. 그게 자신의 마음까지 태울 정도로 그렇게 중요한 일이더냐. 이 세상에 자신보다 더 소중한 것은 아무것도 없단다.

함부로 걷지 마라

사랑하는 딸들아,

아빠는 어린 시절부터 개를 좋아했지. 그래서 너희들이 어린 시절에도 우리 집 마당에는 개가 있었다. 그래서 아빠는 개를 주제로 한 글을 쓰기도 했다.

네가 대학 2학년 때 애완견(몽실이)을 데려왔잖니. 몽실이는 오토바이에 다리를 치어 장애견이 되었다. 벌써 7년 세월을 키웠나? 그땐 장애견을 아무도 돌보는 사람이 없어 우리라도 키워야지 생각을 했다.

이번에 코코종이라는 쿠키를 데려왔구나. 쿠키는 몽실이처럼 작은 개가 아니고 큰 개인데 키우기가 힘이 드는구나. 이젠 우리 집이 개판이 되었다. 몽실이는 여기저기 소변을 보고, 쿠키는 아무 데나 대변을 보니 더운 여름 날씨에 그걸 치우려니 고생이 이만저만이 아니다.

딸들아, 연로하신 할머니와 엄마, 아빠는 이젠 스스로의 몸을 돌보는 데도 힘이 든다. 소위 너희들이 말하는 '쓰리 웅'은 자신들의 육체를 돌보는 데도 힘이 든단다.

엄마와 아빠가 너희들처럼 젊었을 때는 그까짓 강아지 두 마리 키우는 것은 문제가 되지 않았다. 넌 엄마와 아빠가 심심한데 애완견의 재롱도 보고 키우면 좋다고 생각하겠지만 우린 그렇게 생각하지 않는단다.

너희들이 새끼로 데려온 애완견 두 마리는 쓰리 웅에게는 힘든 노동의 대상이 되며, 함부로 내다 버릴 수도 없는 악연의 고리가 되었다. 너희들이 책임감 없이 집에 데려다 놓은 두 마리 개는 쓰리 웅에게는 무거운 짐이 되는구나.

딸들아,

엄마 아빠는 힘이 있다면 애완견을 돌보는 것보다는 세상의 끝자락까지 살아오신 할머니를 돌봐드려야 한단다. 그 일만 해도 힘이 들어.

아빠의 친한 고등학교 동창생 여섯 명 중 금년에 세 명이 모친을 저편으로 보냈단다. 다른 두 명은 그 전에 어머니가 돌아가셨고. 이젠 우리 친구 여섯 명 중 유일하게 아빠만이 어머니가 있단다.

지난 주 친구 모친이 별세하여 분당 병원에 문상을 갔더니 그 친구가 눈물을 글썽이며 말했다. 돌아가시기 전날 밤에 어머니가 전화를 했는데 '내가 빨리 시골로 내려가서 네 밥을 해줘야 하는데' 하며 걱정을 하셨단다. 그리고 이튿날 10시에 임종을 하셨다.

애야, 어머니의 그 한마디 말 속에 평생을 살아온 모자지간의 깊은 정과 말 못할 사연들이 모두 들어 있었다.

아빠의 세대에서 '엄마와 아빠, 할머니와 아빠'의 관계는 너희들이 이해하지 못하는 함수관계와 많은 사연들이 들어 있단다.

딸들아,
생명을 가진 모든 것들에게 함부로 인연 걸지 마라. 그리고 책임지지 못하는 인연은 만들지 마라. 네가 재미로 걸어놓은 인연 때문에 힘들어하는 사람들이 있다. 애야, 그게 만일 개가 아닌 사람 관계의 인연이라면 또 다른 복잡한 문제가 발생한단다.

그건 몰랐지

사랑하는 딸들아,

지난 밤 9시 뉴스를 보니 한 살 된 아기를 둔 30대 부인이 외도로 임신을 하자 남의 집 화장실에서 출산을 하고 영아를 유기한 채 도망을 쳤더구나.

그 부인은 10개월 동안 남편에게 헛배가 부르다고 거짓말을 했다. 그리고 불륜 남에게 중절을 위해 도움을 청하자, 그는 휴대폰을 끄고 도망을 쳐버렸다. 그 부인이 얼마나 마음 고생이 심했겠니?

이것을 동물의 세계에서는 이렇게 해석한다. 한 수컷이 타 암컷을 차지하여 성욕을 채우고 문제가 생기자 행방을 감추었다. 그리고 그 암컷은 종족 번식을 위한 출산 문제가 생기자 그 모든 책임을 혼자서 지고 사회로부터 몹쓸 암컷이라고 지탄을 받게 되었다.

애야, 이걸 남녀간의 사랑이라고 봐야 하니?

딸들아,

이 세상에 존재하는 모든 수컷들은 종족 보존을 위해 암컷을 차지하려는 본능을 가지고 있다. 그것은 작은 곤충에서부터 고등 동물에 이르는 인간까지 조금도 다를 바가 없다.

우리가 난잡한 성 생활을 하는 남자를 보고 '개 같은 놈' 이라고 욕을 하지만 그건 수컷의 본능을 모르고 하는 소리이다.

남녀간의 관계에서 성행위는 인간의 미화된 언어로는 '사랑' 이라고 부르지만, 동물의 세계에서는 '종족 번식을 위한 본능 행위' 라고 부른다.

남자와 수컷 개의 차이점은, 개는 본능대로 암컷과 성교를 하지만 사람은 '이성과 도덕' 이라는 자제 능력으로 그것을 통제하며 행위를 하는 것뿐이란다. 뿐만 아니라 개는 드러내놓고 행위를 하지만 인간은 보다 은밀하게 보이지 않는 곳에서 관계를 맺을 뿐이란다. 그것은 마치 인간은 옷이라는 천으로 치부를 가리지만 개는 드러내놓고 다니는 것과 같은 것이란다.

개와 남자는 '이성과 도덕' 이라는 그 하나의 차이뿐이란다. 만일 남자가 이런 개념을 벗어나 성행위를 한다면 이것은 남녀간의 사랑을 말하는 것이 아니라 수컷이라는 본능에 따라 행동하는 것이다.

최근에는 이런 유형의 강력 사건들이 많이 생기더구나. 어떤 범죄자는 T.V에 나와서 여자를 보면 죽이고 싶어진다고 했다. 그리고 감옥에서 나가면 또 그 짓을 하겠다고 말했다. 인간의 탈을 쓴 수컷 개의 본심을 적나라하게 보여 주는 말이란다.

딸들아, 남녀 관계에서 남자는 몸으로 사랑을 하고 여자는 마음으로 사랑을 한다. 남자의 성행위는 사랑과는 전혀 관계가 없이 이루어진다. 그것은 단지 육체적인 본능에 따를 뿐이다.

어떤 통계에 의하면, 남자의 뇌 속에 저장되어 있는 정보의 80%는, 여자를 성의 대상으로 보는 이성에 관한 것으로 채워져 있다고 한다. 그것은 바로 남자의 뇌는 태어날 때부터 본능에 충실하도록 만들어져 있다는 이야기란다. 지구상에 존재하는 수많은 종(種) 중에서 인간이 멸종하지 않고 살아남은 이유가 여기에 있었다.

반대로 여자의 뇌에서는 20% 정도만 남자를 성의 대상으로 생각하는 이성에 관한 정보로 채워져 있다고 한다. 이런 남녀간의 뇌 구조의 차이가 바로 오늘날 사회에서 보는 현상으로 연결된다.

한 남자가 여성 13명을 유인하여 살해하였다. 성의 욕구를 채우기 위해서 그렇게 하였다. 한 여자가 남성 13명을 유인하여 성의 욕구를 충족하고 해친 사건은 지구상 어느 곳에도 없었다. 이게 바로 남녀간의 성에 대한 뇌 구조와 저장된 정보의 차이점이란다.

작금에 이르러 퇴폐적인 서양문물이 들어오면서 남자의 '이성과 도덕' 마저 무너지기 시작했다. 자유로운 이성간의 교제, 포르노, 음란 인터넷 영상물, 영화 등 이젠 남녀간의 관계를 이성이 없는 개의 행동처럼 완전 노출을 시켜 놓았다. 그런 것들이 수컷 개와

는 차별되는 남자의 이성과 자제 능력을 여지없이 무너뜨려 놓는 구나.

원래 우리나라는 남녀관계에 엄격한 룰이 있었다. 처음 맞선을 보고 약혼을 하고 결혼을 해야 그 다음 관계가 성립되었다.

어느새 우리 사회는 남녀관계에서 전래되이 오던 미풍양속들이 모두 사라졌다. 성에 대한 남녀의 가치관은 무너지고 도덕은 와해되었다. 뿐만 아니라 서양의 저질 문화가 유입되면서 이대로 가다가는 남녀관계가 완전히 개판이 되게 생겼구나.

그래서 일부 뜻있는 서양 학자들은 서구문화 자체가 와해되었다고 생각하여 동양학을 배우러 우리나라에 오는구나. 국학진흥원에 가 보면 인류의 도리인 유학을 배우러 온 많은 서양 학자들을 볼 수 있다.

딸들아, 남자의 본능을 정확히 알고 행동하여라. 남자와 수컷 개와의 차이점은 단 한 가지 '이성과 도덕' 뿐이란다. 그런데 이젠 남자가 그것마저 지키기 어려울 정도로 성문화가 왜곡되었다. 네 아들도, 남편도 그런 사회에서 살고 있다. 우리 남편과 아들은 그렇지 않다고? 정말 그럴까?

모든 딸들이 그렇게 생각한단다. 그래서 남자인 아빠가 이 글을 네게 남긴다.

네 남편과 아들도 수컷이란다. 그 수컷이 성욕에서 개와 다르다고 생각하니? 그렇지 않단다. 모두 똑같단다. 단지 그 수컷들이 얼마나 올바른 가치관과 도덕, 그리고 이성으로 무장하였는가에 따라 여자를 보는 성의 개념도 달라진다.

딸들아,

수컷의 본능을 이해해라. 수컷은 오직 그 본능에 충실할 따름이란다. 그것을 너무 죄악시하면 종족은 번식을 하지 못한다. 그렇다고 지금처럼 너무 성문화가 퇴폐하면 인간은 개와 다를 바가 없어진다.

네가 가정에서 남편과 아들에게 할 수 있는 일은 오직 하나. 인간으로서 성에 대한 올바른 가치관과 이성, 그리고 도덕심을 자주 깨우쳐 수컷 개와의 차이점을 일러 주는 것이란다.

아빠가 너무 극단적인 예를 들어 남자의 본능을 설명하였니? 하긴 대다수의 남자들은 원초적인 본능에 따라 행동을 하지는 않는다. 그러나 작금에 이르러 소수의 남자들이 동물적인 본능에 따라 여자들을 해치는 일이 너무 많아 이 글을 경계의 말로 남긴다.

천대하지 마라

사랑하는 딸들아,

아빠는 어린 시절 동생들이 많아 할머니 손에 컸구나. 할머니는 중키에 갸름한 얼굴, 쌍꺼풀 진 두 눈, 호리호리한 몸매로 요즘 말로 하면 현대적인 감각을 가진 미인이었다. 그런데 옛날에는 그런 체형이 인기가 없었다. 농사에 적합한 체형이 아니었거든. 어쨌든 할머닌 말수가 적고 지혜가 밝으신 분이셨다.

전쟁 중에는 할머니와 둘이서 피난을 다녔는데 항상 비상 식량을 준비하고 계셨지. 할머니는 허리에 조청과 마른 백설기가 든 명주수건을 항상 두르고 다니셨다. 소위 국산 씨레이션의 원조였지. 허기가 지면 강물이 흐르는 다리 밑에 앉아 할머니와 손자는 물을 먹으며 그걸 녹여 허기를 채웠다.

할머니는 '가난은 강도보다 무섭다'고 당신의 어린 손자에게 자주 말씀하셨다.

아빠는 당시 그 말의 의미를 알지 못했다. 그러나 살아오면서 그 말에 무척 많은 것이 내포되어 있는 걸 알았다. 사람은 배가 고프면 못할 짓이 없단다.

아빠도 옛날 남의 밥을 훔쳐 먹은 적이 있었어. 지금도 그 생각을 하면 부끄러운 마음이 드는구나.

아빠는 대학 3학년 겨울에 군댈 갔었다. 전방에 배치를 받았는데 밥을 너무 적게 줘서 많이 굶주렸다. 특히 눈이 덮인 겨울철에는 칡뿌리도 캐 먹을 수가 없었다. 평소 소식을 하던 아빠도 배를 채울 수가 없었다.

날씨가 몹시 춥던 어느 날, 부대 뒤편에 있던 개울가에 빨래를 하러 갔다. 돌로 얼음을 깨고 물웅덩이를 만들어 옷을 빨았다. 날씨가 너무 추워 손이 쩍쩍 얼어붙더구나.

개울 맞은편에 어떤 중년 부인이 빨래를 하더라. 부대는 첩첩산중에 있었는데 그분은 부대 뒤 화전민 독가촌에 사는 분이셨다. 먼저 빨래를 마친 그분은 일어서면서 "군인 아저씨, 이 물로 빨래하세요. 물이 모자라면 우리 집 솥에 더 있으니 가져다 쓰세요" 하며 쓰고 남은 양동이 더운 물을 철모에 부어 주고 가더구나. 더운 물은 뼈가 얼어붙은 것만 같은 추위 속에 얼마나 고맙고 황송하던지.

빨래를 하다 더운 물이 모자라 개울가에서 100m 떨어진 외딴집 부엌으로 갔다. 방 한 칸, 부엌 하나, 작은 초가집이었다.

"아주머니 물 좀 쓰겠습니다."

"솥에서 퍼 가세요."

방 안에서 말씀하셨다. 부엌에는 2개의 무쇠 솥이 걸려 있었다. 우선 솥뚜껑을 열고 철모에 하나 가득 뜨거운 물을 퍼 담았다.

그런데 갑자기 바로 옆에 나란히 걸려 있는 무쇠 솥에 무엇이 들어 있는지 궁금한 생각이 들었다. 소리가 나지 않게 솥뚜껑을 들어 봤더니 양재기 수북이 좁쌀 밥이 들어 있더구나.

왼손으로 솥뚜껑을 든 채 오른손 두 개의 손가락으로 조밥을 떠서 입에 넣었다. 그리고 손바닥으로 살살 덮었더니 감쪽같이 표시가 나지 않더구나. 몇 번밖에 그렇게 안 한 것 같았는데 갑자기 양재기 그릇이 바닥나더구나.

갑자기 정신이 번쩍 들었다. 내가 무슨 짓을 하고 있는 거야. 은혜를 도적으로 갚다니 이게 사람으로 할 짓인가? 너무 부끄러웠단다. 갑자기 조모님 말씀이 생각나더라.

'3일 굶으면 도적질 안 할 사람이 없다.'

배가 고프니 학력과 자존심도 소용없더라. 음식물을 보니 순식간에 정신을 잃게 되었다.

얼마 전 T.V 뉴스에서도 젊은 아기 아빠가 슈퍼에서 분유와 음식물을 훔친 사건이 보도되었다.

사람은 누구나 배가 고프면 그렇게 된단다. 배가 고프면 사회적인 체면이고 자존심이고 모두 필요 없다. 3일만 굶으면 도적질 안

할 사람이 없다.

딸들아,

물질을 소중하게 생각해라. 아껴 쓰고 함부로 낭비하지 마라. 너희들 세대는 물질적 풍요 속에 태어난 복이 많은 사람들이다. 지금은 사회보장 제도가 잘되어 굶어 죽는 사람이 없다만 아빠가 어린 시절에는 겨울철이면 아사하는 사람들이 무척 많았다.

자동차 1대가 생산하는 데는 5분, 냉장고는 3분, T. V는 1분. 그러나 농부가 네 입에 들어가는 쌀 한 톨을 생산하는 데는 1년이 걸린다. 그런데 그 농심이 FTA와 이번 수해로 큰 상처를 입었다.

아빠는 대형 음식점에서 아까운 음식물을 함부로 버리는 걸 볼 때마다 소름끼치는 전율을 느낀다. 옛날 선인들은 말했다.

'음식을 천대하면 벌을 받는다.'

이 세상의 모든 이치는 오르막이 있으면 내리막이 있다. 배가 부른 날이 있으면 배가 고픈 날들이 있다. 작금에 일어나는 사회의 모든 현상들이 너무 복을 까부는 것 같아 걱정스럽다. 한쪽은 굶주려서 난리고 다른 한쪽은 비만으로 살을 뺀다고 난리가 나는구나.

딸들아,

네 아이들에게 음식물의 소중함을 가르쳐라. 사람은 3일간만 굶주리면 남의 것을 훔치는 나약한 존재임을 알려 줘라. 재화를 항상 소중하게 생각하고 낭비하지 않도록 가르쳐라.

졸업식 때 교복에 밀가루를 하얗게 뒤집어쓰고 계란으로 장난하는, 그런 천박한 자식으로 키우지 마라.

불과 20년 전만 하여도 이렇게 음식을 천대하지 않았다. 그럼 20년 후에도 이런 풍요를 계속 누릴 것 같으냐. 네 잔에 복이 넘쳐 흐르면 그땐 굶주림의 날들이 찾아올 것이다. 너와 네 아이들은 그때를 대비하여 음식을 소중하게 생각하고 준비해라.

빚쟁이 왔니?

사랑하는 딸들아,

옛날 아주 먼 옛날, 아빠가 시골 학교에 있었을 때 어떤 처녀 선생님 한 분이 아빠에게 도움을 청하셨다. 자기 반 학생 중 여학생 한 명이 자꾸만 가출을 한다고 했다.

그 여학생은 중학교 3학년이었고, 초등학교 3학년 남동생과 고등학교 3학년 언니가 있다고 했다. 트럭 운전기사였던 아빠는 작년에 돌아가시고 없었다.

아빠가 처음 그 여학생에게 왜 자꾸 가출을 하느냐고 물었을 때는 아무 대답도 하지 않더라. 그래서 달래고 달래서 얻은 답변이, 엄마가 밤이면 아빠 친구였던 한 남자를 자꾸 집으로 데리고 와서 동침하는 게 보기 싫어서 집을 나간다는 거였다. 엄마가 뭐하시냐고 물었더니 식당에서 일을 한다고 하더라.

아빠가 그 엄마를 불러 봤더니 아주 멋쟁이 귀부인이 오셨더구나. 인사를 나누고 미정이 수업료가 6개월분이나 밀렸으며 자꾸 가출을 하는데 어떻게 된 일이냐고 물었더니, 엄마는 냉정하게 퇴학을 시켜 달라고 하더구나.

아빠가 학업을 계속 시키지 그러냐고 달랬더니, 자기는 자식이 3명이 있는데 모두가 빚쟁이로 보인다고 대답을 했다. 그래서 아빠가 그 부인에게 한 가지 제안을 했다. 밀린 수업료 6개월분은 내가 대납해 드리겠다. 그 대신 부인의 남자친구는 집에 데려오지 말고 밖에서 만나라고 했다. 미정이가 자꾸 가출하는 이유가 거기 있다고 했더니 미정이가 그 말도 하더냐고 묻더라. 그래서 그렇다고 대답을 했다.

그런데도 그 부인은 미정이의 퇴학을 강력히 요구했다. 자꾸만 3명이나 되는 빚쟁이들을 혼자서 더 이상 감당할 수가 없다고 말했다. 그래서 아빠가 다시 한 가지 제안을 했다.

미정이 언니의 졸업이 6개월 남았는데 졸업하면 취업 자리를 알아봐 주겠다고 달랬었다. 그때 일자리가 아주 많은 시절이었다. 그럼 6개월만 엄마가 더 고생하면 되지 않느냐고 달랬단다. 그 부인이 한동안 말을 않고 생각에 잠기셨다.

아빠가 거기서 비장의 무기로 미정 엄마의 마음을 돌렸단다. 그게 무엇인지 아니?

'아이들은 그냥 둬도 밥만 먹여 주면 저절로 큰다'는 말이었다.

3명의 빚쟁이들은 그냥 둬도 시간이 지나가면 빚 갚을 날이 온다고 말했다. 그리고 그중 한 명은 6개월 후면 돈을 벌어 가계를 도울 수가 있다고 말했다. 어머니가 말없이 고개를 푹 숙이며 한참 동안 생각을 하시더니 힘없이 돌아서 가셨다. 물론 미정이도 재적이 되지 않았다. 그후 4개월 뒤에 미정이 어머니가 음료수 한 통을 사 들고 학교로 찾아오셨다. 이번에는 지난번과 달리 아주 수수한 가정 부인 차림이었다. 얼굴 표정도 아주 밝으셨다.

그리고 봉투 하나를 내밀었다. 무엇이냐고 물었더니 지난번에 선생님이 대납한 미정이 수업료라고 말했다. 그냥 두시라고 만류해도 안 되더라. 그리고는 '선생님 말씀처럼 아이들은 그냥 둬도 세월이 가니 저절로 크더라' 고 하시면서 웃으셨다. 그리고 그 빚쟁이 중 하나가 이번에 빚을 값아 돈을 가지고 왔다고 말했다.

여상 졸업반인 미정이 언니가 농협에 실습을 나갔다가 바로 취업이 되었단다. 그리고 첫 월급 80만원을 받았단다. 그 언니는 졸업이 아직 2개월이나 남았는데 농협에서 어려운 가정 사정을 알고 미리 취업을 시켜 줬단다.

그 엄마 말씀이, 그때 학교에 올 때까지만 해도 아이들 세 명을 데리고 살기가 너무 힘이 들어 미정이를 퇴학시키고 자기는 개가 할 생각이었다고 말했다.

그런데 아빠가 '아이들은 그냥 둬도 저절로 큰다' 는 말을 듣고 속는 셈치고 6개월만 더 버티어 보자고 생각을 했단다. 그런데 4개월이 지나자 그 빚쟁이 중 하나가 정말 빚을 갚더라고 말하며 웃었다. 지금은 엄마도 식당 일을 하고 미정이 언니도 돈을 벌어 살림이 폈다고 말했다. 그리고 한 가정을 지켜 줘서 고맙다고 인사를 했다.
고마운 건 아빠가 더 고마웠지.
아빠가 대단한 일을 한 것 같니? 아니란다. 그건 절대로 아니란다. 당시 아빠는 수업료를 대납해 준다고 했는데도 그 엄마가 미정이를 퇴학시켜 달라고 말했을 때 더 이상 할 말이 없었다. 그래서 얘야, 엉겁결에 튀어나온 말이 '아이들은 그냥 둬도 세월이 저절로 키운다'는 거였다. 그런데 그 말이 미정이 엄마의 마음을 돌려놓았다. 바로 미정이 엄마의 지혜가 밝아진 것이다.
아빠가 여기서 네게 일러두고 싶은 말은, 그 엄마가 자식들을 빚쟁이로 표현하는 데 있다. 전생에 무슨 죄를 많이 지어 3명이나 되는 빚쟁이들이 매달려 아침마다 학교에 간다고 손을 내밀 때는 죽고 싶은 심정이었다고 말했다.
자식을 둔 부모의 심정은 모두 똑같다. 부모가 자식에게 원하는 대로 모두 해줄 수가 있으면 그런 심정은 들지 않는다. 그러나 그 엄마 입장이 되었을 때 자식이 세상에서 가장 무서운 빚쟁이로 보인단다.
딸들아,
너도 부지런히 벌어서 자식들에게 빚을 갚아라. 그럼 후일 그 자식들이 네게 진 빚을 갚을 날이 올 것이다.

인간답게 살다

사랑하는 딸들아.

아빠는 여름철을 좋아했다. 추운 날씨가 싫었거든. 아빠는 어린 시절부터 여름철이면 척금대에서 수영하는 걸 좋아했지. 수영하다 지치면 나무 그늘 밑에 누워 하모니카를 불며 놀았단다. '반달', '오빠생각', '여름날의 세레나데'를 많이 불었다. 이젠 엄마가 아빠 퇴임 때 선물로 사 준 하모니카를 간혹 닦기만 할 뿐 불지는 않는단다.

애야, 이제 생각났는데 오늘 밤에는 엄마에게 데이트를 청해야겠구나. 서천 강가에 가서 엄마를 위해 하모니카를 불어 줘야겠다. 그렇게 하면 엄마가 좋아할까? 엄마는 은희의 '꽃반지 끼고'와 '에델바이스'를 좋아했는데 오랜만에 들려주고 싶구나. 엄마는 산에 가는 걸 좋아하는데 아빠는 강만 좋아한다고 불만이더라.

아빠가 초등학교 3학년 때 조부님이 나를 데리고 풍수와 함께 자신의 묘 자리를 보러 간 일이 있다. 안동 송천 산소란다. 조부님은 자신의 유택이 될 자리에 백설기를 놓고 당신의 손자와 같이 절을 하면서 그렇게 좋아하시더구나.

아빠는 살아오면서 조부님의 생사관에 대해 많이 생각했다. 당신이 묻힐 자리가 뭐가 그렇게 좋다고 저렇게 기뻐하실까? 그러나 이젠 조부님의 그 마음을 이해한단다.

딸들아,

죽음이란 '이편에서 저편으로 가는 것'이란다. 한 세상에서 다른 세상으로 가는 것이다. 아빠가 한 번도 가 보지 못한 알래스카에 가는 것과도 같다.

그쪽에 관해서는 많은 사람들이 여러 가지 이야길 하더라만, 아빠의 견해는 '평소 자신이 믿는 것, 그렇다고 생각하는 곳, 그런 세계일 것이라고 믿고 생각했던 곳'이라고 생각한다.

그래서 영혼의 세계에선 믿음이 가장 중요하다. 자신의 사후 세계라고 믿는 곳으로 갈 테니까 말이다. 죄 짓고는 좋은 곳으로 간다고 아무리 믿고 생각해도 헛일이란다. 사람은 세상을 다 속여도 자기 자신만은 속일 수 없기 때문이다. 아무리 교활한 인간도 자신의 영혼만은 속이지 못한단다.

사람들은 저편으로 가는 걸 무서워하더구나. 한 번도 가 본 적이 없는 미지의 세계이니 그렇겠지. 그러나 애야, 그렇게 두렵게 생각할 필요는 없다.

왜냐하면 아빠 나이 정도 되면 이편에서보다 저편에 친한 사람들이 더 많기 때문이다.

그것은 마치 여름 밤하늘에 저렇게 아름다운 별들도 직접 가서 눈으로 보면 그렇고 그런 세계인 것과도 같다.

딸들아. 요즘 나이든 사람들이 치매에 걸려 비참한 말로를 보내더구나. 평소 아빠는 안락사를 주장하는 사람이었디.

사람은 태어날 때 축복을 받으며 아름답게 이편으로 왔듯이 저편으로 갈 때도 인간답게 존엄성을 가지고 떠나야 된다고 생각한다. 무의미한 생명의 연장보다는 의미 있게 저편으로 보내 줘야 된다고 생각한다.

사랑하는 사람이 동물처럼 행동하다 남은 가족들에게 만정이 다 떨어지게 만든 다음 저편으로 가게 하는 건 가장 우둔한 인간들이나 하는 못난 짓거리라고 생각한다.

그래서 저편으로 갈 때도 본인이 원한다면 그곳으로 보내 줘야 한다. 거기에 따른 법과 도덕적인 문제는 저편으로 가는 당자에겐 중요하지 않다. 법과 도덕은 남아 있는 이편의 인간들이 저희들 좋게 만든 굴레이고 질서일 뿐이란다.

죽음은 바로 당자에겐 초법적인 지위에 있기 때문이다. 자의에 의한 저편으로 가는 죽음은 인간이 만든 법으로 판단할 필요가 없다. 출생할 때 법의 의지와 상관없이 태어나듯이 죽을 때도 법의 의지와 관련이 없다. 어디 판사의 허락 받고 죽는 사람을 봤니? 그런 인간들이 다른 사람들의 죽음에 관해서는 극히 이기적이더구나. 자신의 문제와 남의 문제의 해석이 아주 다르더라. 공정한 잣대로 말하지 않고 한 입으로 두 말을 하더구나.

사랑하는 딸들아,

아빠가 저편으로 가게 된다면 인간답게 가고 싶다. 그리고 평생 동안 입었던 낡은 옷은 깨끗하게 태워 아빠가 좋아하는 척금대 강물에 띄워 보내거나 아니면 너희들이 섭섭하지 않게 '붉은 깃을 단 화살'에 묻어 주면 좋겠구나.

딸들아, 너도 나이가 들게 되면 저편으로 가는 걸 두려워하지 마라. 저편은 네가 한 번도 가 보지 못한 다른 곳으로 여행 가는 것일 뿐이란다. 그곳은 원래 네가 살던 곳이며, 잠시 이곳에 여행을 왔다 돌아가는 곳이란다. 다시 말해 저편은 이편에서 네가 평생 동안 그렇게 믿고 생각했던 곳일 뿐이란다.

그 믿음의 기준은 이편에서 '바른 생각, 바른 행동, 바른 마음'으로 살면 된다. 그렇게 하면 저편에 가도 두려워할 필요가 없다. 그것은 자신의 영혼과 마음에 걸릴 것이 하나도 없기 때문이다.

갚을 수가 있을까

사랑하는 딸들아,

'은혜는 평생으로 잊지 말고 원수는 일시라도 두지 말라.'

애야, 넌 이 말을 어떻게 생각하니? 아빠는 나이가 들수록 이 말이 마음에 와 닿는구나. 아빠는 평생을 남에게 빚만 지고 살아왔다. 오늘 이날까지 수많은 은혜를 입고 살았는데 조금도 갚지 못했으니 마음에 걸림이 많다.

아빠는 외갓집에 많은 신세를 졌어. 외할머니, 외삼촌, 외숙모님께 참 많이 폐를 끼쳤다. 학창 시절에는 숙모님 도움도 많이 받았다.

먼 옛날에 아빠 젊은 시절, 서울로 가는 고속버스를 탔는데 옆자리에 노인 한 분이 타셨구나. 지루하던 터에 그분과 한담을 나누었다. 그분께서는 풍(뇌출혈 및 뇌경색)이 왔을 때 손가락에 응급처치로 사혈하는 방법을 손수 알려 주셨다.

그분께서는 이런 말씀을 하시더구나. 자기는 만나는 사람들에게 이 비방을 알려 주는데, 배운 사람들이 이것도 무슨 비법이라고 남에게 알려 주는 데는 인색하더라고 말이다.

그리고 마지막으로 당부하기를 "자기 혼자만 알고 있으면 아무 소용이 없다. 주변 사람들이 모두 알고 있어야 자기에게 무슨 일이 생기면 응급처치를 해줄 수가 있다"고 말했다.

아빠는 집으로 돌아오자 16절 갱지에 손바닥 그림을 그려 놓고 사혈하는 방법을 그려 엄마에게 알려 주었다. 혹시나 할머니에게 무슨 일이 생기면 그렇게 하라고 말이다. 그리고 학교 선생님들에게도 알려 주었다.

딸들아,

아빠가 여기서 네게 이런 말을 하는 까닭은 이러하다. 사람이 살다 보면 어떤 이유로 병원까지 가기 전에 자기 혼자서 응급조치를 취해야 할 때가 있단다.

'순간에서 영원으로' 가는 데는 그리 오래 걸리지 않기 때문이다. 그때 자기가 가진 의학 상식에 사람이 살기도 하고 죽기도 한다.

목숨은 연습이 없단다. 단 한 번의 우연이 사람을 살리기도 하고 단 한 번의 실수가 생명을 잃게도 만든다.

오늘 오전 헬스장에서 운동을 하는데 아빠의 블로그를 자주 찾아오는 어떤 따님이 전화를 했더구나. 얼마 전 혼자 사시는 부친이 뇌경색으로 쓰러져 입원을 했다는구나.

그래서 아빠가 그 옛날 버스 속에서 우연히 알게 된 노 의원의 비방을 알려 주었다. 당시 그분은 많은 사람에게 알려 주라고 당부를 했다.

애야, 아빠가 함자도 모르는 그분에게 큰 은혜를 입어 목숨을 구했으니 이젠 그분과의 약속대로 비방을 세상에 널리 알려 은공을 보답해야겠구나. 그분이 당부하시던 말씀이 아직도 기억에 생생하구나.

"자기만 알면 아무 소용이 없다. 주변 사람들이 알아야 응급상황에서 당신을 구해 줄 수가 있다."

바로 아빠를 두고 하는 말이었구나.

*사혈 방법
1. 오른 손바닥(손등이 위로)을 활짝 펴 엄지를 배에 닿게 한다.
2. 엄지손톱의 반을 갈라 배 쪽은 안, 나머지는 밖.
3. 손톱과 피부의 경계 지점에서 3밀리 하단 지점.
4. 엄지- 안쪽
   검지 -안쪽
   중지- 안쪽
   약지- 바깥쪽
   무명지- 양쪽 모두
   양손 모두
5. 고혈압, 뇌출혈이나 뇌경색 시 병원에 도착할 때까지 응급조치 상황임.
   뇌의 모세 혈관의 압력을 낮춰 출혈이 중지되는 것으로 사료됨.

이겨서 뭐 할래?

사랑하는 딸들아,

어제 방송을 보니 부부 싸움을 한 어떤 부인이 나와서, 자기는 '세상 사람 모두에게 져도 그 인간(남편)만큼은 꼭 이겨야겠다.'고 말하며 울분을 토하더구나.

서로 다른 환경에서 26년간을 성장한 부부도 신혼 초의 달콤한 시간이 지나가면 주도권 다툼을 한다. 이건 다른 동물의 세계에서도 마찬가지란다.

얘야, 우리 집 개 '쿠키와 몽실이' 있지. 쿠키는 치와와 종인 몽실이보다 덩치가 다섯 배나 큰데도 주도권 싸움에서 밀려나 주먹만 한 몽실이가 밥을 다 먹어야 남은 찌꺼기를 먹는단다.

딸들아, 부부 싸움에서 남편에게 꼭 이기려 들지 마라. 가장 이상적인 부부는 남편이 화가 났을 때 부인이 져 주고 부인이 화가 났을 땐 남편이 져 주는 부부란다.

아빠도 그렇게 살았다. 평소 엄마는 아빠의 뜻을 잘 따라 주었다. 그러나 어쩌다 아빠가 잘못하여 엄마가 화를 내면 아빠는 잘못을 인정하고 사과를 했다.

엄마도 화가 나면 정말 무섭단다. 평소 한 이불을 덮고 자는 부부는 서로를 너무 잘 알기 때문에 싸움도 더 치열하고 격렬해진단다. 상대방에 대한 증오심도 그만큼 더 깊고 무섭다.

딸들아,

남편이 화를 내거든 네가 져 주렴. 잘못은 화가 풀린 다음 따져도 된단다. 그렇다고 너만 져 주란 이야기는 아니란다. 정말 네가 화가 나면 남편이 져 주어야 한다. 이건 옳고 그름의 문제가 아니라 부부 간의 정리와 자존심의 문제란다.

요즘 부부들은 사소한 문제가 막다른 골목으로 변해 이혼까지 가더구나. 지금처럼 치열한 경쟁사회에서 남편이 아내에게, 아내가 남편에게 져 준다고 해서 생명에 지장이 생기는 일은 없다.

딸들아, 네 남편은 다 큰 아이와 같단다. 네가 조금만 칭찬을 해 주면 제가 세상에서 제일 잘난 줄 알고 싸움닭처럼 아주 열심히 먹이를 물고 온단다.

반대로 네가 구박을 하여 기를 죽여 놓으면, 밖에 나가서 제 몫도 찾아 먹지 못하는 무능한 사람으로 변해 변두리만 맴도는 한심

한 사람이 된다.

딸들아, 넌 무능한 남편이 집에 오면 저 혼자 잘났다고 시건방을 떨어 아니꼬워 못 봐 주겠다고 말하며 멸시하더구나.

그러나 애야, 하루 동안 상관 눈치나 보며 지내던 남편이 집에 와서 큰소리 한번 못 치면 어디서 잘난 척 해보겠니? 아빠는 지금도 엄마가 그런 아빠의 심정을 잘 이해해 주고 들어준 것을 진심으로 고맙게 생각한다.

사랑하는 딸들아,

남편에게 이기려 들지 마라. 네가 정말 현명한 사람이라면 남편의 장점을 자주 칭찬해 줘 먹이를 부지런히 물고 오는 힘 있는 남자로 만들 것이다. 남편은 바로 네 가족들을 책임지는 싸움닭이잖니? 아빠도 엄마의 칭찬이 듣기 좋아 힘든 줄 모르고 평생을 열심히 일했단다.

죽이기도 하고 살리기도 한다

사랑하는 딸들아,

사람의 습관은 정말 무섭더구나. 오늘은 사소한 습관이 사람을 죽인 이야기를 해주마.

이 글을 네게 일러 주는 이유는 지금 온 나라가 시끄러운 도박 문제 때문이란다. 도박도 습관이고 중독이란다.

딸들아,

누차에 걸쳐 이야기하지만 사람은 할 일과 해서는 안 될 일이 있다. 살아가는 데 해서는 안 될 일은 목숨이 두 조각이 나도 '난 안 한다'는 마음을 지키는 일이다.

아빠 아직도 고스톱을 어떻게 치는지 모른다. 점수 계산이 복잡한 것 같더구나. 아빠가 고스톱을 배우지 않는 이유는 간단하다. 남의 돈을 힘들이지 않고 따 먹으려는 심사가 싫어서이다. 고스톱을 못해도 생명에는 지장이 없더구나.

딸들아, 도박, 마약, 습관성 약품, 사행성 게임…… 그런 것들에 눈 돌리지 마라. 처음에는 호기심을 갖고 재미로 시작을 하지만, 그게 습관이 되고 중독이 되면 큰일이 난다. 처음부터 관심을 갖지 마라.

모든 사람이 다 해도 '난 안 한다'로 밀고 나가렴. 사람이 그런 결단도 없이 어떻게 험한 세상을 살아가겠니?

이뻰 세상 물정에 어두워서 그런지 모르겠다만, 작금의 현상들이 이상하게 생각된다. 왜 일하지 않고 남의 돈 따 먹으려다 저 작당을 치는지 모르겠다.

이런 나라를 만들고 이런 사회를 만든 사람들이 원망스럽다.

사랑하는 딸들아,

이 글 서두에 아빠가 아주 사소한 작은 습관이 사람을 죽인다고 말했다. 이제 그 이야기를 네게 해주마. 그 이야기를 네게 하는 이유는 사소한 습관이 얼마나 무서운지를 알려 주기 위해서이다. 도박도 사소한 습관에서 시작된다.

아빠가 옛날, 전쟁터에 간 적이 있었다.

그날도 오늘처럼 무척 더웠지. 아침 6시인데도 벌써 40°C가 넘더구나.

친구와 같이 쓰레기통을 들고 진지 외곽에 있는 소각장에 가서 불을 질렀다. 잡동사니들이 잘 타더구나. 우린 무심코 불을 뒤로 하고 등을 돌려 손을 쪼이며 잡담을 했다.

갑자기 '탕' 하며 친구가 쓰러지더구나. 등 뒤에서 피가 콸콸 쏟아져 나왔어. 쓰레기 속에 들어 있던 M16소총 탄알이 터지면서 친구의 등을 관통하였다. 전쟁터라 실탄이 막 굴러 다녔어. 그게 쓰레기 속에 뒤섞여 있었던 거야.

그 이야기를 하는데 왜 이렇게 갑자기 눈물이 나오는지 모르겠구나. 이젠 모두 지나간 옛 일인데 말이다.

얘야, 사람의 습관이란 정말 무섭더라. 40℃의 그 무더운 날씨에도 무심코 등을 돌려 손바닥으로 불을 쪼이고 있었으니……. 추운 나라에 살던 사람들의 사소한 습관이 귀중한 목숨을 잃게 만들더구나.

딸들아,
네 남편과 아이들에게 일러 둬라. 사소한 습관이 사람을 죽인다. 네 남편이 퇴근길에 친구들과 재미로 한 도박과 컴퓨터 게임, 하교길에 학교 앞 문방구에서 장난삼아 하는 네 아이들의 뽑기…….

모두 처음에는 사소했다. 네가 운전한 소소한 교통신호 위반, 처음에는 모두 사소했다. 그러나 그게 습관이 되어 자꾸 하면 언젠가 한 번은 총알이 되어 네 등을 뚫는단다.

사랑하는 딸들아,

네 남편과 아이들에게 단단히 일러 둬라. 사람은 해야 될 일과 해서는 안 될 일이 있다. 해서는 안 될 일은 하늘이 두 조각이 나도 '난 안 한다' 라는 굳은 심지를 말이다.

어리석어진다

아침 뉴스를 잠깐 보니 어떤 아가씨가 가수 누구에게 자기와 결혼해 주지 않으면 죽어 버리겠다고 협박을 했다는구나.

넌 이걸 어떻게 생각하니? 무척 어리석다고? 그러나 애야, 집착에 빠진 당사자는 그렇게 생각하지 않는다.

집착(執着)을 국어사전에서 찾아보면 '어떤 일에만 마음이 쏠려 떠나지 아니함' 이라고 표기하고 있다.

그 아가씨는 그 가수에 대한 집착에 빠져 자기가 무슨 짓을 하는지, 얼마나 어리석은 짓을 해서 남들에게 손가락질을 받는지도 모른단다. 그녀에게 물어보렴, 모르고 있지.

사랑하는 딸들아,

무슨 일이든지 너무 집착하지 마라. 집착에는 긍정적인 집착과 부정적인 집착이 있다.

그림에 집착하면 이중섭이 된다. 노래에 집착하면 조수미가 된다. 그러나 순진한 아가씨가 부정적인 면에서 남자에게 집착하면, 사기꾼이 검사로 보이고 건달이 의사로 보여 신세를 망친다.

주변 사람들이 아무리 저 사람이 사기꾼이라고 말려도 집착에 빠진 넌 안 듣는단다. 그리고 어느 날 그 실체를 알고 뼈서린 후회를 하게 된다. 그땐 이미 네 인생은 돌이킬 수 없는 나락에 빠져 있게 된다.

딸들아, 사기꾼들의 대표적인 수법이 무언 줄 아니? 온갖 김인이 설로 상대가 착각을 일으켜 자기에게 집착을 갖도록 만드는 거란다. 교묘한 말로 사기를 친다.

네가 위암을 앓고 있다면 자기는 뇌종양으로 곧 죽는다고 사기를 친다. 네가 중국으로 간다면 그는 일본으로 신병치료차 간다고 사기를 친다. 언제 가느냐고 물어보렴, 그럼 다른 말로 둘러댄다.

네가 우울증을 앓고 있다면 자기 여자친구가 우울증을 앓고 있어 자판기 커피 값도 없는 주제에 자기가 일을 해서 한 달에 치료비 3백만원씩을 대주고 있다고 거짓말을 한다.

사기꾼들의 가장 전형적인 수법은, 상대방의 상황에 따라 거짓말을 지어내어 동류의식을 만드는 데 있다. 그렇게 해서 공감대를 형성하고 상대방을 가장 잘 이해하는 척한다.

그리고 상대가 집착에 빠졌다고 생각되면 그때부턴 일부러 연락을 끊어 안달이 나게 만든단다. 휴대폰을 끊거나 만나 주지 않아 상대방을 애타게 만든단다.

일부러 그렇게 한단다. 그것도 사기꾼 교본에 나와 있는 심리전이란다. 그리고 뒤에서 웃으며 상대방의 안달을 즐긴다. 그리고 친구에게 자기 능력을 자랑하기도 한다. 아무개가 자기를 좋아해 쫓아다니지만 자기는 싫다고.

그런데도 넌 과도한 집착에 빠져 그게 모두 진짜인 줄로 착각을 한다. 한마디로 넌 과도한 집착에 빠져 개도 웃을 어리석은 짓을 하고 있는 것이란다. 넌 그 사람들이 아주 머리도 좋고 아이큐도 높다고 생각한다.

감옥에 가 보렴. 머리 좋고 아이큐 높은 사기꾼들은 모두 거기 있단다. 그들은 남에게 사기 치는 머리가 너무 좋아 거기 있는 것이란다.

딸들아, 무슨 일이든지 너무 집착하지 마라. 가수에게 자기와 결혼해 주지 않으면 자살하겠다고 협박하는 그런 어리석은 사람이 되지 마라.

남자에게 너무 집착 마라, 눈에 콩깍지 씐단다. 자식에게 너무 집착 마라, 자식을 망친다. 돈에 너무 집착 마라, 사기를 당한다. 건강에 너무 집착 마라, 몸을 망친다. 외모에 너무 집착 마라, 성형으로 얼굴을 망친다.

사기를 당하는 사람들은 모두 자기 집착에 빠져 그렇게 되는 것이란다.

딸들아,

가부좌를 하고 앉아 지금 네가 하는 일들을 한번 생각해 보렴. 너무 자기 집착에 빠져 어리석은 짓을 하고 있는 것은 아닌지 한번 잘 생각해 보려므나.

명상의 가장 좋은 점은 자신의 지혜를 밝혀 주는 데 있다. 정진을 하는 사람들은 과도한 집착에 빠져 어리석은 짓을 절대로 하지 않는단다.

얼마나 남았니?

사랑하는 딸들아,

지난주에 아빠와 같이 근무했던 옛 동료 한 분이 간암이라고 해서 문병 갔더니 집 앞에 운동을 나갔다고 하더라. 아이들 놀이터에 갔더니 그네에 앉아 있는 그분의 모습이 보이더라. 둘이서 만나 지난 이야길 하며 재미있게 놀았단다.

그분 말이, 의사 이야기로는 한 달(30일) 정도 남았다고 하는데 자기는 괴이치 않고 신변을 정리하고 있다고 했다. 몸이 좀 수척해서 그렇지 큰 이상은 없어 보이더라.

아빠가 만나고 온 지 3주 후에 그분은 세상을 떠났는데, 저편으로 갈 때는 갑자기 봄 햇빛에 눈 녹듯 생명이 녹아 내리더라고 사모님이 말씀하셨다.

딸들아,

인간이 70년을 살 수 있다면 계산상으로는 25,550일을 산단다. 아빠의 경우는 대략 2,140일 정도 남아 있구나.

"아빠, 그것밖에 안 남았어요?"

애야, 그것도 평온무사하게 70세까지 산다고 가정했을 때의 계산이다. 그런데 할머니는 85세이니 5,475일을 더 사셨구나.

사랑하는 애야, 넌 지금 35세이니 12,775일이 남았구나.

"아빠, 내가 고것밖에 남지 않았다고요?"

"계산상으로는 그렇디. 넌 영원이 살 줄 알았니?"

딸들아,

충격 먹었냐? 이 세상에서 영원히 사는 사람은 없단다. 누구나 남아 있는 자기 시간(여생)이 있단다. 신생아는 태어나는 순간부터 죽음을 향해 질주하고 있다.

출생, 유아기, 청소년기, 청년기, 장년기, 노년기, 사망으로 말이다. 단지 그 과정에서 인간의 세포는 생성되고 소멸하는 과정을 되풀이하고 있을 뿐이란다.

그런데도 인간들은 모두 죽음을 향해 가고 있다고는 생각하지 않는다. 애야, 어디 안 죽는 사람 봤니?

사람들은 자기는 죽음의 단계까지 아직 많은 시간이 남아 있는 것으로 착각하고, 영원히 살 것처럼 행동하며 못된 탐욕을 부린다. 자기 수명을 다 산 노인들도 그런 어리석은 탐욕에 빠진 사람들이 간혹 있단다.

딸들아, 사람은 나이가 들수록 죽는 연습을 해야 한단다. 저편으로 갈 때는 이편에서 가져 갈 수 있는 것이 하나도 없단다. 그래서 시간 여유가 있을 때 자꾸 버리는 연습을 해야 한다. 돈, 명예, 권력, 지위, 탐욕, 가족, 애정 등 그 모든 걸 버리는 연습을 자꾸 해야 한다. 아니면 저편으로 갈 때 이런 것들에 미련이 남아 눈을 못 감지.

한마디로 이편에 미련이 없어야 한다. 그래야 마음 편하게 홀가분하게 떠나갈 수가 있다. 장수하시는 노인 분들에게 소원을 물어보렴, '아프지 말고 꿈꾸듯 잠결에 가는 게 소원' 이라고 말씀하신다.

딸들아,

아빠가 여기서 이 글을 남기는 건, 아직 젊은 넌 시간의 소중함을 너무 모르는 것 같아서이다. 마치 영원이라도 살 것처럼 귀중한 날들을 낭비하고 아까운 시간을 소모한다.

사소한 것들이라도 생산적인 일에 시간을 투자하고 아까운 시간을 함부로 낭비하지 마라. 남에게 해를 끼치는 일 하지 마라. 어려운 사람들을 도와줘라.

저편으로 떠나갈 때 미련이 남지 않는 그런 삶, 마음에 걸림이 없이 홀가분하게 떠나갈 수 있는 그런 삶을 살아라.

앞으로 너희들 세대에서는 우리 세대와 달리, 자신을 보다 철저하게 관리하지 못하면 귀중한 시간을 모두 허상에 빠져 정신없이

보내게 될 것이다.

  다시 말하면 허상과 실상을 구분하지 못하는 사람들이 점점 더 많아질 것이다. 미래는 그런 세상으로 변할 것이다. 그래서 자신의 종지와 시간의 바늘을 바로 세우지 못하면 허상의 늪에 빠져 정신없이 허우적거리다가 한 생을 마감하게 될 것이다.

  사랑하는 애야,

  잠시 네 시계의 바늘을 멈추고 한번 생각해 보렴, 남은 시간이 얼마나 되는지……。

가장 좋은 무기

아침에 출근하여 사무실에서 일을 하고 있는데 갑자기 누군가 출입문을 열고 들어오며 하는 말이 '물을 한 컵만 얻어 마실 수가 없겠느냐'는 거였다.

종이컵에 물을 한 컵 받아 드렸더니 단숨에 들이키며 한 컵만 더 줄 수가 없느냐고 하더라. 다시 한 컵을 따라 주며 형색을 살펴봤더니 나이가 한 50세 정도 되는 부인인데 입성이 몹시 초라하더구나.

물 한 컵을 달게 마신 부인이 말하기를 "내 집을 나오니 물 한 컵도 마음대로 얻어 마실 데가 없더라"고 했다.

부인이 너무 겸손하고 좋아 보이기에 사연을 물어봤더니 남편은 부도를 내고 행방불명이 되었으며, 외아들은 혼자서 알바를 하며 공익근무를 한다고 했다. 그리고 자기는 집이 경매에 넘어가 혼자서 떠돌아다닌다는 거였다.

지난 밤에 기차역 대합실에서 잠을 잤더니 몹시 춥더라고 했다. 중키에 단발머리, 단아한 얼굴 모습이 평범한 가정 부인인데 어쩌다가 저런 어려움을 당하게 되었는지 안타깝기가 그지없더라.

그 부인이 아빠에게 말하기를, 가정이 풍비박산이 되어 소중한 가족들이 모두 흩어졌지만, 이렇게 구걸을 하며 생활을 하다 보니 얻는 것도 많더라고 했다.

아빠도 주머니를 털어 그 부인을 위로했다. 그리고 그 부인에게 더 이상 올라갈 오르막길이 없으면 그때부턴 쉬운 내리막길이 있으니 힘을 내시라고 위로의 말씀을 드렸다.

사랑하는 딸들아,

사람은 평생을 살다 보면 별일을 다 겪는단다. 난 그렇게 되지 않는다고 자신에 차서 떠드는 사람들도 있지만, 그런 교만이 가장 무섭다. 지금은 누구든지 순식간에 그 부인과 같은 처지가 될 수 있기 때문이다.

어느 날 한순간에 모든 것이 바뀔 수가 있단다. 부도, 교통 사고, 재해, 해고, 범죄, 질병 등 세상에 범람하고 있는 모든 것들로 인해 누구나 그 부인처럼 될 수가 있는 거란다.

딸들아,

교만한 눈으로 세상을 보지 마라. 겸손한 자세로 세상을 살아라. 네가 잘난 체하여 교만이 극에 달하게 되면 어느 날 넌 그 상을 모두 무너뜨리는 뼈를 깎는 고통을 당하게 될 것이다.

네가 잘났다고 자꾸 자랑을 하다 보면 어느 날 넌 그 자랑이 한순간에 모두 허물어져 버리는 일이 생기게 될 것이다.

네가 사소한 일에 자꾸 말을 많이 하고 남의 험담을 하다 보면 어느 날 넌 입도 뻥끗 못할 일이 생기게 될 것이다.

사랑하는 딸들아,

세상을 하심(下心)하고 겸손한 마음으로 살아라. 눈에 보이는 것, 귀에 들리는 것, 말하는 것 모두에게 겸손해라. 겸손만이 불행을 사전에 예방하는 가장 좋은 무기이며 처세이기 때문이다.

그 부인의 마지막 말이 무엇이었는지 아니?

'이 세상에서 가장 소중한 것들을 모두 다 잃고 나서 세상의 무서움과 겸손함을 배웠다'고 했다.

얼마나 비싼 대가를 치루고 배운 교훈이더냐. 넌 그렇게 비싼 대가를 치루지 않고서도 자신을 낮추는 겸손함이 네 가정을 지키는 소중한 교훈임을 항상 명심해라.

애야, 겸손하고 하심(下心) 하는 마음만이 미연에 재앙을 막아주고, 사전에 화근을 방지하기 때문이다.

남을 배려하라

사랑하는 딸들아,

아빠가 어린 시절에는 보릿고개라는 것이 있었다. 너도 그 말을 들어보았겠구나. 보리 이삭이 한창 출수할 무렵이면 집집마다 식량이 떨어져 굶어 죽는 집이 아주 많았다. 아침에 일어나면 어느 집에 누가 굶어 죽었더라는 소문이 나며 인심이 아주 흉흉하였다.

그땐 먹을 것이 없어 소나무 껍질을 벗겨 송기죽을 쒀 먹었다. 송기죽을 먹으면 변을 볼 수가 없단다. 변이 너무 딱딱해서 나오지 않아 얼굴이 부석하고 누렇게 떴지.

흉년이 들면 양식이 있는 부잣집도 아침밥을 짓지 못한단다. 아침밥 짓는 연기가 굴뚝에서 모락모락 피어 올라오면, 그날 밤에 그 집에는 칼을 들고 식량을 훔치려는 도적이 들어온단다. 사흘 굶어 도적질 안 할 사람이 없다. 그래서 식량이 있는 집도 밤중에 몰래

밥을 해 먹거나 생쌀을 물에 불려 먹어야 했다.

딸들아,
이 세상은 나 혼자만 잘살면 안 된다. 지금의 우리 사회는 잘사는 사람들은 너무 잘살고, 없는 사람들은 너무 힘들게 산다. 이런 사회가 되어서는 안 된다. 빈곤층이 너무 굶주리면 잘사는 사람들을 공격해서 뺏어 먹어야 산다. 그것은 법 이전에 생존의 문제란다.
빈곤층은 이렇게 생각한단다. 망해 버려리, 이놈의 세상! 난 망해 봤자 500만원짜리 전세금만 날리면 되지만 너희들은 6억짜리 아파트와 고급 자동차가 날아간다.
딸들아,
보릿고개에 흉년이 들면 가난한 사람들은 굶어서 죽고 부자들은 맞아서 죽는단다. 네 주변의 힘든 이웃들을 배려해라. 네 가정이 먹고 살 만하다고 너무 시건방을 떨지 마라. 이 세상은 나만 잘살면 아무런 의미가 없다. 그런 나라는 희망이 없다.
남이 잘살아야 나도 잘살 수가 있다. 남이 잘살아서 내 가게의 피자를 팔아 줘야 내가 옆집의 통닭을 팔아 줄 수가 있다. 이 세상은 옳고 그름이 없는, 거대한 톱니바퀴가 쉴 새 없이 맞물려 돌아가고 있는 공생의 한 마당이다. 그런데 지금의 현실은 그중 너무 많은 톱니바퀴의 이빨들이 빠지고 부서져 있구나. 그래서 아빠는 이런 사회가 걱정스럽다.

딸들아,

　네가 지금 가지고 있는 6억원짜리 아파트와 고급 자동차를 그대로 소유하고 싶으면 빈곤층을 배려하고 존경해라. 빈곤층의 아픔을 이해하고 베풀어라. 그분들을 위해서, 신 앞에 무릎을 꿇고 겸손한 마음으로 항상 기도해라. 네 이웃들이 희망을 잃고 절망에 빠지는 날이 오면, 그때 넌 모든 것을 잃는단다.

고생을 하겠느냐, 고행을 하겠느냐

사랑하는 딸들아,

이번 명절에 시댁에 다녀오느라 고생 많았다. 교통 체증이 심해 고생이 많았지? 좋은 일 끝에는 반드시 고(苦)가 온단다. 그리고 고생 끝에는 또 낙(樂)이 온다.

고생(苦生)과 고행(苦行)은 서로 다르단다. 고생(苦生)을 국어사전에서 찾아보면 '괴롭고 힘든 일을 겪음'이라고 나온다. 그래서 '고생 끝에 낙이 온다'고 말한다. 괴롭고 힘든 일을 겪고 살다 보면 즐거운 일도 찾아온다는 이야기이다.

그런데 고생을 하는 당사자는 그렇게 생각지 않는다. 고생이 영원히 지속되는 것으로 착각하고 절망에 빠져 스스로의 삶을 포기하기도 한다.

그러나 애야, 고행(苦行)은 다르단다. 고행(苦行)은 '고통을 받으며 행함, 깨달음을 얻기 위해 육신의 고통을 참으며 그것을 견디어 내는 수행'이라고 표기되어 있다.

고생(苦生)과 고행(苦行)의 차이점은 '고생은 타의에 의한, 고행은 자의에 의한' 것이란다. 자의에 의한 고생은 없다. 네가 만일 부산에서 임진각까지 도보로 걸어서 가겠다면, 그건 고생이 아니라 자의에 의한 고행의 길이 된다.

옛 성현들은 모두 고생을 한 것이 아니라 자의에 의한 고행을 한 것이란다. 그렇게 깨달음을 얻어 인간들을 구제하기 위해 자신을 희생하였다.

딸들아, 너와 네 가족들이 고생(苦生)하는 걸 너무 두려워하지 마라. 옛 어른들이 '젊어 고생은 돈 주고도 못 산다'고 한 말의 뜻이 바로 여기에 있다. 아빠도 젊은 시절에는 이 말의 의미를 몰랐다. 그러나 평생을 살고 나니 그 뜻을 알게 되는구나.

사람은 육신의 괴롭고 힘든 고통을 견디어 냄(苦行)으로서 스스로 성숙하게 된다. 그리고 그 힘든 고통을 참고 단련함에 따라 고(苦)와 낙(樂)은 같아지며 자기 완성을 이룩하게 된다.

딸들아,

괴롭고 힘든 육신의 고통을 '고생'이라고 생각한다면 넌 밑진 장사를 하는 것이란다. 그러나 그걸 '고행'이라고 생각하면 네 마음 속의 어둠을 촛불로 밝히는 지혜를 얻게 된단다.

우연일까?

사랑하는 딸들아,

집에 키우는 쿠키(코코종 3세)와 몽실이(치와와종 9세) 있지? 아빠는 마당에서 키우는 게 좋은데 엄마가 집 안에서 키우는 걸 좋아하니 어쩔 수가 없지 않니?

아빠도 심심하면 빵 조각을 던져 주며 두 마리 개와 노는데, 그것도 재미가 있더라. 특히 쿠키는 강아지 때부터 사람 손에 커서 지능이 아주 뛰어나지. 어떤 때는 아빠의 마음을 읽는 것 같았다. 아빠는 쿠키와 눈을 마주 보며 5분 정도 서로 무슨 생각을 하는지 맞추려 애를 쓰며 장난을 치기도 한단다.

보신탕집에 험상궂게 생긴 어떤 사내가 철망이 쳐진 트럭 속에 쿠키를 집어넣으며 "이놈은 무게가 한 20킬로는 되겠는걸" 하는 소리에 놀라 잠을 깨니 새벽 5시 30분이구나.

일어나 거실에 나오니 쿠키가 반갑다고 꼬리를 흔들며 반겨 주었다. 옥상에 올라가 화분에 물을 주고 다시 내려오니 엄마가 쿠키가 없어졌다면 찾고 있었다.

그때가 6시 30분쯤 되었나? 엄마와 둘이서 개를 찾으려 밖에 나갔다. 쿠키는 순진해서 사람을 잘 따랐어. 길 가는 사람 아무나 따라가며 재롱을 부려 몇 번이나 개를 잊어버리기도 했다. 그때마다 목걸이에 걸린 전화번호로 연락을 해줘서 찾아왔다.

그날이 9월 24일 아침이었다. 아빠 수첩에 '쿠키 가출'이라고 적혀 있었단다. 시가지 모두를 뒤졌으나 쿠키는 찾을 수가 없었다.

쿠키가 가출한 후, 아빠는 짧은 인연에 후회가 많았다. 쿠키는 개답지 않게 사람과 눈을 마주치는 이상한 습관을 가지고 있었다. 아빠가 쿠키의 눈을 보면 마주 쳐다보며 절대로 먼저 피하지 않았다. 그냥 가만히 서로 마주 쳐다보기만 하는데 마치 무슨 말을 하는 것 같았어.

어떤 때에는 이상하기도 하고 기분 나쁘기도 했다. 아빠는 쿠키의 눈빛이 어디선가 본 적이 있는 것 같아서 신기한 생각이 들기도 했다. 분명 어디선가 본 눈빛인데 도통 생각이 나질 않는구나.

애야, 아빠가 과민하게 생각하고 있는 거니?

몸이 고단해서 잠시 누워 있는데 갑자기 몽실이가 이상한 소리로 짖더구나. 엄마가 "누구세요" 하며 인터폰으로 묻자 아무 대답이 없어 아래층으로 내려가더라.

"여봇!"

엄마의 찢어지는 듯한 날카로운 비명 소리에 깜짝 놀라 거실에 나가 보니 쿠키가 아빠의 품으로 껑충 뛰어오르며 반갑다고 난리를 치는구나.

오늘이 10월 18일, 쿠키가 며칠 만에 집으로 돌아왔는지 아니? 한 달에서 일주일이 모자라더라. 전화번호가 적힌 개 목걸이는 방울 목걸이로 바뀌어 있었다. 몸이 온통 더러웠다. 엄마가 쿠키를 목욕부터 시키더구나.

오늘 아침 식탁에 앉아 있는데 쿠키가 오더라. 쿠키는 어제보다는 심리적으로 많이 안정된 것 같았다. 우리는 서로 눈을 마주 바라보았지.

'도대체 넌 그동안 어디 가 있었니? 얼마나 멀리 간 거야. 무엇보다 이상한 건 네가 집을 나가기 1시간 전에 내가 꿈에서 너를 본 거야. 개장수가 "이놈은 한 20kg 나가겠는 걸" 하며 트럭 위 철망 속에 너를 집어넣는 걸 봤어. 이걸 어떻게 해석해야 되겠니? 우연치고는 너무 이상하잖아? 다른 사람들이 이런 말을 했다면 난 믿지 않았을 거다. 그런데 내가 직접 꿈을 꿨으니 거짓말이라고 할 수도 없고.'

딸들아,
근래에 들어 아빠는 이런 유형의 꿈을 자주 꾸는구나. 평소 아빠는 꿈의 예지 능력을 믿지 않는 사람이었다. 그런데 이번 일을 계기로 달리 생각해야겠구나.

사람은 평생 동안 자기 뇌 능력의 10만 분의 1정도밖에 쓰지 않는다고 하더구나.

아빠가 이 글에서 네게 말하고 요점은, 아무리 사소한 것이라도 지나치지 말라는 것이다. 쿠키의 꿈을 꾸었던 날 아침, 아빠가 조금만 더 지혜가 밝았더라면 개를 묶어 두었을 것이다. 이건 꿈의 문제가 아니라 지혜의 문제이며 생각의 차이였다.

바로 이 꿈은 교통 사고가 될 수도 있었고, 질병이 될 수도 있었으며, 불의의 재난이 될 수도 있었다. 평소 기도하고 정진하는 마음 자세가 중요한 이유가 바로 여기에 있었다. 아빠는 그게 부족했구나.

얻었느냐

사랑하는 딸들아,

아빠가 남은 여생에 소원이 있다면 베푸는 삶을 살고 싶다는 것이다. 아빠는 평생 동안 남에게 도움만 받고 살았다. 빚만 잔뜩 짊어졌으니 어깨가 무겁구나. 조금이라도 갚고 떠나야 마음이 편할 텐데 어찌해야 좋을지 모르겠구나.

평생을 살고 보니 그런 '깨달음'을 얻게 되는구나. 진작 그걸 알았더라면 얼마나 좋았겠느냐?

'깨달음과 깨우침'은 많이 다르단다. 깨달음을 사전에서 찾아보면, '심령(心靈)이 천지 이치에 통하다. 진리나 이치 따위를 터득해 환히 알고 있다. 모르고 있던 사실을 알게 된다'라고 표기되어 있다. 이치(理致)란 '사물의 정당한 조리, 도리에 맞는 근본의 뜻'을 말한다.

그래서 '깨달음이란 사물의 정당한 도리를 알게 되는 것'이라고 풀이해도 무방할 것 같다. 따라서 깨달음은 능동적이고 적극적이다. 수많은 현자들이 깨달음을 얻기 위해 각고의 노력으로 기도하고, 수행을 하며 정진을 하였다.

딸들아,

현자들이 '깨달음'을 얻었다고 해서 하늘을 날거나 천리를 내다보는 것은 아니란다. 깨달음이란 '평생을 살면서 사물의 정당한 도리를 알게 되는 과정'을 말한다.

깨달음은 때에 따라서는 대오각성(크게 깨닫는 것)을 하기도 하고, 모르고 있던 사소한 것을 알게 되기도 한다. 그래서 사람들은 평생을 깨달으며 산다고 말한다. 현자들은 한순간에 크게 깨달음을 얻어 인생이 바뀌기도 하더구나.

'깨우침'은 깨닫도록 가르쳐 주는 것을 말한다. 착오로 인한 잘못을 깨우쳐 주는 것이란다. 다른 사람의 잘못을 깨우쳐 주는 일도 무척 중요하다.

그러나 우둔한 사람들은 주변의 사물들이 아무리 '깨달음'을 깨우쳐 주더라도 그걸 무시하더구나. 그러나 현명한 사람들은 그 깨우침이 어떤 깨달음을 주는지 알고 무릎을 치며 놀란단다.

딸들아,

사소한 깨우침도 소중하게 생각해라. 사람은 작은 깨우침에도 더 큰 깨달음을 얻어 삶의 진로가 바뀌더구나.

특히 너의 아이들은 엄마의 '한순간의 깨우침'으로 '큰 깨달음'을 얻어 새로운 사람으로 변할 수가 있단다.

애야, 넌 아빠의 깨우침으로 어떤 삶이 소중한지 깨달음을 얻었느냐?

그게 더 좋다

"쿠키야, 굴러! 잘했어, 정말 잘했어. 자, 빵 먹어. 다음 몽실이, 몽실이 차례다."

저녁 식사 후 아빠는 T.V를 보며 쿠키, 몽실이와 함께 놀면서 시간을 보낸다. 쿠키에게 빵 한 조각을 보여 주며 "쿠키 굴러!" 하면 한 바퀴 때그르 구른단다. 그러다 빵 한 조각을 던져 주면 껑충 뛰며 받아먹는다. 몽실이는 오른쪽 다리가 불구이기 때문에 그런 재주는 넘을 수가 없다. 그래서 그냥 빵 조각을 주지.

가출했던 쿠키가 24일 만에 집으로 돌아온 후, 아빠는 저녁이면 개들과 노는 것이 낙이 되었다. "쿠키, 이리 온" 하면 쿠키는 아빠 무릎을 베고 눕는단다. 아빠는 쿠키의 머리카락을 쓰다듬어 주며 행복을 느꼈다. 가출을 했다가 24일 만에 다시 돌아온 쿠키에게 고마워하면서 말이다.

저녁마다 그렇게 놀다 보니 어느 날 문득 쿠키가 빵 한 조각이 탐이 나서 그런 재롱을 부리는 게 아니라는 생각이 들었다. 쿠키도 아빠와 노는 것이 즐겁고 재미있는 것 같았다.

애야.

처음 네가 쿠키를 집에 데려왔을 때 아빠는 반대를 했다. 장애견 몽실이(치와와)를 키우기도 힘이 드는데 덩치 큰 쿠키를 좁은 실내에서 키우는 게 싫었다. 특히 쿠키의 긴 털이 빠져 실내를 날아다닐 때마다 아빠는 쿠키가 싫었다.

하지만 달리 쿠키를 처리할 방법이 없어 그냥 집에서 키우게 되었다. 개도 타고난 독특한 성품이 있더구나. 쿠키는 개로 태어났지만 사려 깊고 착한 성품을 가지고 있었다.

어떨 땐 쿠키와 눈을 마주치고 있으면 녀석이 아빠의 마음을 읽는 것 같았다. 마음속으로 '쿠키야 이리 온' 하면 개는 어느새 아빠에게 다가오더구나. 그래서 아빠는 쿠키와 이심전심이 통하는 친구라고 생각을 했다. 쿠키가 아빠의 마음을 더 잘 아는 것 같았다. 아빤 쿠키의 마음을 잘 모르는데도 말이다. 이상하지 않니?

쿠키는 24일 동안 가출해서 집으로 돌아온 후 좀처럼 아래층 계단으로 내려가지 않으려 했다. 가출했다가 된통 혼이 난 모양이지. 아빠가 나오면 계단 반쯤까지 따라 내려왔다가 도로 올라가더구나. 아빠는 그때마다 마음속으로 고소했지. 자식 되게 혼났구나.

6일 날, 저녁 8시경에 네가 외출을 하자 쿠키가 네 뒤를 따라 계단으로 내려가기에 아빠가 "쿠키" 하고 불렀더니 계단 중간에서 뛰어 올라오더구나. 그 길로 아빠는 엄마 방 침대에 누워 방바닥에 앉아 있는 쿠키와 몽실이를 데리고 놀았다.

"쿠키 굴러" 하니까 평소처럼 바닥을 한 번 구르며 빵을 받아먹었다. 쿠키와 몽실이, 2마리 모두 재미있게 놀았어. 밤 10시30분경, 아빠는 쿠키를 보고 네 방으로 가라고 했다. 쿠키는 네 방에서 자지 않니.

그런데 쿠키가 자꾸만 아빠와 눈을 마주치며 네 방으로 가지 않으려고 하더구나. 머리를 몇 번 쓰다듬어 주며 품에 안고 네 방에 데려다 주고 왔다. 그런데 엄마 방에 와보면 어느새 녀석이 뒤를 따라와 있었다. 아빠는 이상한 생각이 들었다.

"너 왜 말 안 듣니!" 하며 3번이나 네 방에 데려다 줬다. 넌 깊이 잠이 들어 있는 것 같더라. 밤 11시경에 아빠 방 침대로 왔지. 그런데 어느새 쿠키가 침대 옆에 또 앉아 있더라. 그리고 "끄응" 하는 앓는 소리를 내더구나.

아빠는 이상한 생각이 들었다. 얘가 몸이 좋지 않나. 방바닥이 찰 것 같아서 침대 옆에 타월을 가져다 깔아 줬다. 잠이 든 후 이상한 소리를 낼 때마다 아빠는 잠결에 쿠키의 머리를 쓰다듬어 주었다. 그럼 조용해지곤 했다.

"우우~웅!"

잠결에 들으니 쿠키가 이상한 소리로 울더구나. 깜짝 놀라 눈을 떴다. 새벽 3시더구나. 불을 켜고 보니 쿠키가 아랫도리를 전혀 쓰지 못했다. 아빠가 안았더니 오줌을 흘리면서 하체를 전혀 쓰지 못했다. 걷지를 못하더라. 그 소리에 놀라 식구들 모두가 일어났지.

이튿날 아침에 엄마와 넌 동물병원에 쿠키를 데려갔다. 병원에서는 쿠키가 하체를 쓰지 못해 걷지 못한다고 했다. 척추 뼈가 내려앉아 고칠 수가 없다고 말하며 안락사를 시키라고 했다. 엄마와 넌 차마 쿠키를 저편으로 보낼 수가 없어 다시 데리고 집으로 돌아왔다. 쿠키는 변과 소변을 거실 바닥에 줄줄 흘리며 두 발로 놀아다녔다.

그런 상태에서도 아빠가 "쿠키야 굴러" 하며 빵 조각을 내밀면, 쿠키는 앞발로 구르는 시늉을 했다.

얘야, 넌 침대에 쿠키를 데리고 자며 극진히 돌봐주더구나. 쿠키에 대한 네 사랑은 대단했다.

"아빠, 쿠키 안락사 시켜야겠어요."

"그건 안 된다."

"쿠킨, 그걸 바랄 거예요."

"좀더 생각해 보자."

엄마가 파란색 목도리를 가지고 쿠키의 옷을 만들어 주었다. 안에 기저귀를 넣을 수 있도록 비닐을 붙여 오물이 흘러나오지 않도록 예쁘게 만들어 주었다. 그게 쿠키의 수의가 될 줄 엄마도 몰랐겠지.

아빠는 밤새 생각을 했다. 쿠키를 안락사 시킬 것인가, 말 것인가? 결론은 쿠키를 그냥 두면 심약한 엄마와 넌 더 상처를 받는다는 생각이 들더라.

그럼 누가 쿠키를 병원에 데리고 갈 것인가? 네가? 엄마가? 만일 두 사람이 쿠키를 병원에 데려가 안락사를 시킨다면 그 죄책감으로 두고두고 괴로워할 것이라는 결론이 났다. 그래서 아빠가 그 악역을 맡기로 결심을 했다. 아빠도 정말 그런 짓은 하기 싫었다.

철없는 어린 시절 아빠는 도무골 개울에서 고기를 많이 잡았다. 그땐 그게 그렇게 재미가 있더구나. 그래서 학교를 파하고 집에 오면 주전자를 들고 고기를 잡으러 다녔다. 청년 시절에 먼 이국의 전쟁터에 가서도 사람을 살상하는 그런 일은 하지 않았다. 노후에 아빠는 그런 악연이 없었음을 다행으로 생각하며 살았다. 그런데 이번에는 가족들을 위해서 이 일을 피할 수가 없다는 생각이 들더구나. 그래서 밤새 고민을 했다. 애야, 이 악연을 어떻게 피해야 하니? 그래서 쿠키를 집에 데려오는 걸 그렇게 반대했는데 결국에는 이런 일이 생기는구나.

아침에 네 방으로 가니 쿠키와 넌 침대에서 자고 있더구나. 아빠는 쿠키를 안고 나와 사과상자 속에 집어넣고 차 뒷좌석에 태웠다. 쿠키가 상자 속에서 뭐라고 중얼거리더구나.

지난 여름, 우리 가족이 죽령으로 피서를 갈 때 차 창문을 열자 쿠키는 앞발을 올려놓고 밖을 내다보며 좋아했는데 오늘은 아빠가 못할 짓을 하기 위해 너를 데려가는구나, 하는 생각이 들었다.

사랑하는 딸들아,

이제 아빠는 길가에 풀 한 포기, 지나가는 개미 한 마리도 그 생명을 빼앗기 싫다. 남은 여생을 다른 생명들을 키우고 돌보며 선업의 씨앗을 뿌려도 부족할 텐데, 밤마다 아빠의 침대머리에서 재롱을 부리며 놀아 주었던 쿠키의 생명을 서누러 가고 있다고 생각하니 한없이 마음이 무겁고 아팠단다.

낯선 나라 전쟁터도 누비고 여름철이면 보신탕도 즐겨 먹던 아빠가, 이젠 더 이상 어떤 생명도 죽이기 싫은 사람으로 변했다. 그런데 평생 동안 힘들어 쌓은 노적봉에 스스로 불을 질러 선업을 태워야 하는 일이 생겼으니 낭패로구나. 이런 악행이 어디에 있니?

딸들아,

그러기에 아빠가 평소에 누누이 말했지. 함부로 인연 걸지 마라. 네가 책임 지지 못할 인연을 함부로 만들지 마라. 함부로 애완견 키우다 버리지 마라. 지금 자동차 뒷자리에 앉아 있는 쿠키가 아빠의 행위와 생각을 모를 줄 아니? 모두 다 알고 있단다.

아빤 다니던 동물병원 원장을 만나 그간의 사정을 모두 이야기했다. 6년 전 네가 알바를 하다 다리가 부러진 몽실이를 만났고, 주인이 찾아가지 않자 우리가 데려다 키우는 걸 흔쾌히 허락해 주었던 바로 그 병원이었다.

병원에 들어가니 쿠키가 불안해 하더구나. 계속 뭐라고 중얼거리는 것 같았어. '아빠, 제발 살려주세요' 하는 것 같았다. 그리고 큰소리로 세 번을 울더구나.

원장이 쿠키를 책상 위에 올려놓고 진찰을 했다. 예상대로 척추 중간 뼈가 부러져 내려앉았다고 했다. 원장이 아빠의 손끝으로 쿠키의 척추 뼈를 만져 보게 했다. 척추의 중간이 내려앉아 있었다. 원장은 회복이 불가능하다고 말했다. 쿠키는 불안해 하지도 않고 의연하게 이런 상황을 받아들이더구나.

원장님은 아마도 가출했을 때 차에 치였거나 맞아서 생긴 상처 같다고 했다. 그런 몸으로 어떻게 집까지 찾아왔는지 신기하다고 했다. 애야, 이제 생각이 나는데 24일 동안 가출했다가 집에 돌아온 첫날, 아빠가 하도 반가워 쿠키를 껴안아 주려고 했다.

그런데 쿠키가 아빠의 손을 물려고 한 적이 있었다. 그때 이미 쿠키는 허리에 상처를 입고 있었던 거야. 원장이 쿠키의 앞발을 고무줄로 묶으며 주사를 놓기 시작했다. 쿠키는 앞만 응시하며 조용히 이 상태를 받아들이더구나. 거부하거나 거절하는 행동은 조금도 하지 않았다.

아빠가 괴로운 것은 쿠키의 이런 행동이었다. 영리한 쿠키는 아빠의 마음을 모두 알고 체념을 하고 있었다. 그리고 피할 수 없는 운명이라는 것도 알고 있었다. 먼 후일 아빠가 이런 상황이 되면 쿠키를 생각할 것이다. 쿠키가 한 행동과 태도를 기억할 것이다. 죽음을 조금도 두려워하지 않고, 불안해 하지 않고, 의연하고 담담하게 받아들이는 쿠키의 태도를 기억할 것이다. 그리고 아빠도 쿠키에

게 배운 대로 그렇게 행동할 것이다. 쿠키는 아빠에게 죽음 앞에서 어떻게 행동을 해야 하는지를 몸과 자세로 보여 주었다.

아빠가 "쿠키야, 잘 가거라. 너를 '붉은 깃을 단 화살'에 묻어 주마. 그곳에서 우리 다시 만나자. 아빠도 곧 그곳에 갈 거야" 하며 쿠키의 눈을 들여다보았다. 쿠키는 조용히 아빠를 바라보더구나. 왼발에 두 번째 주사를 놓자 쿠키는 경련도 없이 곧 고개를 떨어뜨리며 눈을 감았다. 그냥 잠이 드는 것 같았다.

애야, 그때 네가 진료실에 들어왔다. 그리고 수건으로 쿠키를 싸안았지. 아빠가 동물병원 원장에게 진료비를 드리려 했다. 그런데 원장님이 "돈을 받을 수 없습니다. 이건 치료 행위가 아니잖아요" 하시더구나. 원장님은 1년에 한두 번 정도 피치 못할 사정으로 이런 일을 하는데 돈은 절대로 받지 않는다고 했다. 이건 치료 행위가 아니라는 것이다. 동물에 대한 그분의 유별난 사랑이 돋보이더라.

우린 쿠키를 차에 싣고 아빠가 생각해 두었던 '붉은 깃을 단 화살'에 데리고 갔다. 그리고 그곳에 묻어 주었다. 그리고 차를 타고 돌아섰다.

"아빠."

"응."

"쿠키를 쓰레기통에 버리는 줄 알았어요."

"아빠가?"

"예."

"아빠, 한번 맺은 인연은 소중하게 생각한다. 그 대신 함부로 인연을 만들긴 싫어."
"이젠 개 안 키울래요."

딸들아,
함부로 타 생명을 앗는 일은 자신의 노적가리에 불을 붙이는 일과도 같다. 사람이나 짐승이나 함부로 인연 만들지 마라. 아빠 나이가 되면 생과 사는 언제나 한 배를 타고 있다. 그래서 이별할 때는 큰 아픔과 고통을 느낀단다. 사람들은 그까짓 개 한 마리 때문에 뭐가 그리 심각하냐고 생각하겠지? 그러나 얘야, 사람이나 짐승이나 다를 바가 없단다. 생긴 모습이 다를 뿐이란다.

삭풍이 불어오는 긴 겨울이 지나고 따뜻한 봄이 와서 들판에 아지랑이 필 무렵이면 아빠는 '붉은 깃을 단 화살'에서 흙냄새를 맡으며 밭에 씨앗을 뿌리며 농사를 짓겠지. 이마에 땀방울 흘리면서 말이다. 그러다가 피곤해서 잠시 쉴 때는 큰소리로 부르겠지.
"쿠키, 쿠키야! 어디 있니? 이리 와서 놀자!"

강도보다 무섭다

사랑하는 딸들아,

세상에서 무엇이 가장 괴로운 줄 아니? 가난이란다. 무슨 고(苦)가 가장 힘들 줄 아니? 가난이란다. 세상에서 가장 고통스러운 일이 무엇인 줄 아니? 빈(貧)한 고통이 가장 괴롭단다.

내가 가난하면 내 주변에 사람들이 모여들지 않는단다. 내가 가난하면 사람들이 나를 반겨 주지 않는다. 내가 가난하면 사람들은 나를 멀리하려 한다.

딸들아, 내가 가난하면 비록 옳은 말을 할지라도 틀렸다고 한다. 내가 가난하여 말이 없으면 말이 없다고 비방하며, 말을 하면 말이 많다고 흉을 본다.

그래서 가난은 강도보다 무섭다고 한다. 가난은 임금님도 구제하지 못한다고 했다. 그러나 애야, 가난을 너무 두려워하지 마라.

가난과 부자는 동급이란다.

가난한 사람이 로또 한 장으로 부자가 된다. 50층 건물을 가진 거부가 불이 나서 하루아침에 쪽박을 찬다. 그래서 가난과 부자는 언제나 함께 한다.

들어오는 재물은 언젠가 반드시 나가게 되어 있다. 그 재물이 나갈 때에는 사람도 함께 데려간다. 그래서 아빠는 복이 있다는 말을 가장 싫어한다. 주변에서 그 사람은 복이 있다고 말하면 곧 그 재물이 그 사람을 데리고 나갈 때가 되었다는 말이란다.

딸들아, 만약 네가 재물 운이 없어 뼈 빠지게 일해 100만원을 겨우 모으면 가족이 병이 나서 1천만원이 드는 수술을 해야 한단다. 그게 가난의 이치란다. 지겨운 가난을 벗어나려 몸부림쳐 보렴. 점점 더 가난해진단다. 네가 가난에서 벗어나려 몸부림치며 욕심을 내면 낼수록 고뇌 또한 더 많아진다. 반대로 작은 것에 만족하면 모든 근심이 없어진다.

만족함을 모르면 아무리 부자라도 마음이 가난하단다. 욕심은 아무리 먹어도 허기가 채워지지 않는 아귀와 같은 거란다. 작은 것에 고마워하고 만족하는 사람은 가난해도 마음은 부자란다.

가난은 강도보다 무섭단다. 그러나 사소하고 작은 것에 고마워하고 만족해 하면 몸은 가난해도 마음은 항상 부자란다. 그래서 마음이 부자인 사람에게는 언제나 사람들이 모여든단다.

감옥에 갈래, 지옥에 갈래

사랑하는 딸들아,

욕심은 인간의 본성이란다. 인간의 욕심이 문명의 진화를 이루는 원인이 되기도 했다. 그러나 그게 탐욕으로 변하게 되면 자기 스스로의 감옥을 만든단다. 우둔한 사람은 욕심이 지나쳐 탐욕을 부리다가 자신이 만든 덫에 걸린단다.

지난 밤 9시 뉴스를 보니 그 덫에 걸린 사람들이 빠져 나오려 별 재주를 다 부리더구나. 그러다가 안 되면 한강 다리에서 뛰어내리거나 감옥에 가겠지.

지나치게 많은 것을 소유하고 싶은 탐욕, 그것은 자신을 망친다. 아파트, 그거 너무 좋아하다 옥상에서 뛰어내려야 할 일이 생길는지도 모른다. 조심해라, 현명한 사람들은 남이 한다고 모두 따라하지는 않는다. 그것은 욕심을 절제할 수 있는 능력이 있기 때문이다.

그게 바로 현자와 우둔한 자의 차이점이란다.

개미는 생존을 위해 먹이를 모으지만 사람은 탐욕을 위해 재물을 모은다. 개미는 살기 위해 한 채의 집을 마련하지만 인간은 탐욕을 위해 다른 사람이 살아야 할 집, 150채를 한 사람이 차지하더구나. 개미가 그런 짓 하는 걸 봤니?

딸들아,
눈에 보이지도 않고 손에 닿지도 않은 그 욕심을 잘 간수하여라. 그게 탐욕으로 변해 네 마음을 어둠으로 가리면 넌 네 스스로 만든 감옥에 갇히게 된단다.

모르는 게 약이다

사랑하는 딸들아,

어제 우리 동네에 마흔두 살의 남자분이 타계를 하셨다. 문상을 갔더니 모두들 말들이 많더라. 평소 그분은 술을 좋아해서 동네에서 소문이 났지. 술, 담배, 도박, 여자…… 한마디로 망나니였어.

그분 술친구 중 한 사람이 3개월 전에 속이 안 좋아 안동병원엘 갔는데 혼자 가기가 심심해서 그분과 동행을 했다는구나. 친구 분이 병원에서 C.T를 찍어 봤더니 과음으로 인해 위에 염증이 생겼더래.

"야, 너도 술 많이 먹었으니 한번 찍어 봐라."

같이 간 친구가 말하자 그분은 "그럴까" 하고 C.T를 찍은 것이 놀랍게도 간암으로 밝혀졌다.

그때부터 그분은 술 담배를 모두 끊고 건강 관리를 했지. 그런데 그게 너무 도가 지나쳤어. 모든 것을 간암으로 연결시켰다. 동네 사람들은 그가 변했다고 했다.

그러나 그는 결국 자기 병명을 알게 된 지 3개월 만에 세상을 떠났다. 문상을 온 그의 친구들 말이 "종팔이 그 자식, 간암인 줄 몰랐더라면 3년도 더 살며 술 처먹고 동네를 깽판 쳤을 거야. 그런데 괜히 친구 따라 병원 갔다가 제 바람에 놀라 죽었어, 암이면 모두 죽나!" 하더구나.

딸들아,

이 세상을 살아가는 방법 중에는 아는 것보다는 때로는 모르고 사는 게 더 마음 편하고 좋을 때가 있단다. 또 모르는 것보다는 잊어버리고 사는 것이 더 마음 편할 때가 있다. 지금 우리는 모르는 게 많아서 문제가 생기는 게 아니라 너무 많은 것을 알아서 위 이야기처럼 자기 스스로를 망치는 경우가 있다.

잘못된 정보를 지나치게 많이 아는 것은 자신을 위해 좋지 않다. 시댁에서 무슨 말을 하더라도 너무 자세히 알려 하지 말고 지나치게 과민하게 반응하지 마라.

'불취어상(不取於相)이면 여여부동(如如不動)'이라고 했다.

내가 불필요한 정보를 취득하지 않으면 흔들릴 일이 없다는 뜻이다. 애야, 명심해라. 때로는 불필요한 지식과 정보가 자신을 죽인단다.

누에

사랑하는 딸들아,

어제 요한이가 똥을 싼 기저귀를 갈 때 보니 너도 참 많이 변했더라. 전에는 몽실이 똥도 더럽다고 치우지 않더니 네 아이의 똥은 냄새가 나지 않는 모양이지?

사실 엄마의 모유를 먹고 자란 아이들의 변은 냄새가 그렇게 독하지 않단다. 오히려 향긋한 젖 냄새가 날 때도 있다.

애야, 똥이라고 다 더러운 건 아니다. 뽕잎을 먹고 자란 누에의 똥은 당뇨병의 약제로 비싸게 팔린단다. 냄새도 괜찮지. 그런데 그 뽕잎을 인간이 먹고 변을 보면 얼마나 독한 냄새가 나는 줄 아니?

똑같은 뽕잎을 먹고 배설한 누에의 똥은 고가에 팔리고, 인간이 배설한 똥은 더럽다고 돈을 주고 치워야 한다. 넌 이 점을 어떻게 생각하니?

딸들아,

이 지구상에 존재하는 만물의 먹이 사슬 중에 최상위 계층은 인간이란다. 잡식성의 인간은 살아 있는 것 죽은 것, 싱싱한 것 썩은 것, 정이 있는 것 없는 것, 자기 몸집보다 작은 것 큰 것 등 지구상에 있는 모든 것들을 먹어치운다.

시중에 나도는 농담처럼 중국 사람들은 4발 달린 건 나무 의자만 빼고는 모두 다 먹는다고 한다. 그렇다면 이 지구상에 존재하는 생명체 중 누구의 똥이 가장 더러운가는 등수가 매겨져 있겠구나.

뽕잎 한 가지만 먹는 누에와 육해공에 살고 있는 만물을 모두 먹어치우는 인간의 배설물은 그 순위부터가 다르겠지?

똑같이 향기로운 술을 먹고도 한 사람은 사람들이 많이 다니는 대로변에 토해 놓아 행인들의 눈살을 찌푸리게 한다. 반대로 술을 먹어도 다른 사람들을 즐겁게 해주는 사람이 있다.

딸들아,

너는 뽕잎을 먹고 누는 똥까지 다른 사람들을 이롭게 하는 누에가 되어라. 이 세상에서 가장 더럽고도 추한 것은 좋은 음식을 먹고도 남을 해치거나 이유 없이 주정을 부려 남에게 고통을 주는 일이란다. 그런 사람은 되지 마라.

인간의 몸으로 태어나 미물의 벌레보다 못한 짓을 해서야 되겠느냐? 욕심이란 인간의 입과 같아서 죽을 때까지 먹어야 하는 더러운 것이란다.
 사람이 자기 욕심을 채우기 위해 다른 많은 사람들을 괴롭힌다면, 그런 사람들의 똥은 똥개도 더러워서 먹지 않는단다.

지우고 또 지워라

"아빠!"

네가 부르는 소리가 들려 깜짝 놀라 눈을 뜨니 새벽 4시 10분, 꿈이었구나. 어제는 잘 올라갔니? 네가 집을 비우니 무척 허전하다. 그래서 불을 켜고 네 방에서 이 글을 쓴다.

사랑하는 딸들아,

사람은 평생 동안 자기 마음속에 있는 거울에 까만 매직으로 새카맣게 낙서를 하며 산단다. 그 낙서는 살아 있는 동안 매일 쓴다. 보이지도 않고 듣지도 못하고 형체도 없는 자기 마음이라는 거울 속에 즐겁고 괴로운 일들을 깨알처럼 모두 써넣는다.

사람의 뇌는 불행하고 나쁜 기억보다 즐겁고 행복한 기억을 오래 저장한다. 나쁘고 슬픈 기억은 뇌 스스로가 알아서 지운단다. 그래서 지나고 나면 추억은 모두 아름답게 느껴지지.

딸들아,

네 마음속 거울에 매일 새카맣게 쓰고 있는 낙서를 하루에 한 번씩 꼭 지우고 닦도록 하렴. 종교로 지우든 수행으로 지우든 운동으로 지우든, 어떤 방법으로 지우든 매일 하드 디스크를 하루에 한 번씩 포맷을 하도록 노력하렴.

아니면 내 마음속 거울이 새카맣게 때가 차서 스스로를 괴롭히고 다치게 만든단디. 지금의 우리 삶은 너무 많은 낙서를 마음속 거울에 쓰게 한다.

갈등, 스트레스, 증오, 원망, 인간관계 등 인간의 삶은 수많은 낙서를 만들어내고 있다. 그중에서도 사람과 사람의 관계가 가장 많은 낙서를 쓰게 한다.

그래서 하루에 한 번씩 지우지 않고 그대로 쌓아두면 넌 우울증에 걸리고 스트레스를 받아 암에 걸린단다.

아빠도 한때 마음속 거울에 자기가 쓴 낙서를 지우려 무진 애를 쓴 적이 있었다. 말이 쉬워 마음속 거울에 낙서를 깨끗하게 지우지. 아무리 그 낙서를 지우려 애를 써도 잘 안 되더라. 그래서 아빠는 그 낙서를 지우려다 실패를 해서 지하철에 뛰어들거나 고층 아파트에서 투신하는 사람들의 심정을 잘 이해한다.

낙서를 지우려 애를 쓰면 쓸수록 마음속의 거울은 더 새까맣게 변한단다. 그래서 결국에는 절망에 빠져 스스로를 포기하게 되지.

그런 사람들은 너무 많은 생각을 한다. 그래서 결국에는 그 생각이 자기를 잡아먹게 된다. 그땐 애야, '한 생각 바로 돌려' 지우개를 찾으렴.

하루에 한 번씩 거울에 쓴 낙서를 깨끗하게 닦고 지우면 넌 마음에 걸림이 줄어든다. 걸림이 없어지면 두려울 것이 없고, 두려울 게 없으면 원망심도 없어지고, 원망심이 없으면 괴로움도 없어지고 하루가 즐겁다.

날씨가 추우면 추워서 즐겁고, 눈이 오면 눈이 와서 즐겁고, 비가 오면 비가 와서 즐겁다. 네 마음속 거울이 낙서로 가득 차면 그 모든 것이 반대로 보인다.

사랑하는 딸들아,

오늘 하루도 넌 마음이라는 거울에 낙서를 하겠구나. 애야, 자신의 마음을 잘 들여다보렴. 거울은 원래 텅 비어 있단다. 텅 빈 거울에 낙서를 쓰는 사람도 너이고 낙서를 지우는 사람도 너란다. 부지런히 닦고 지워 깨끗한 거울을 간직하도록 노력하려므나.

그럼 넌 마음에 걸림이 없어 오늘 하루도 즐겁고 행복하겠지.

안경을 벗는 공부

사랑하는 딸들아,

넌 어제 남편이 외박하고 들어와서 대판으로 싸웠다며? 네 남편이 호되게 경을 쳤겠구나. 아빠가 안 봐도 알겠다.

애야, 너는 밤새도록 남편을 기다리느라 밤을 홀랑 새웠구나. 이를 갈면서 말이다. 넌 밤새도록 별 생각을 다 했지? 저런, 잠을 못 자 눈이 붉게 충혈되었네.

애야, 네가 빨간 안경을 썼을 때에는 남편이 다른 여자와 데이트 하는 모습이 보였겠구나, 그렇지? 노란 안경을 썼을 때에는 남편이 고스톱 치는 모습이 보였고, 파란 안경을 썼을 때에는 노래방에서 도우미와 춤을 추는 모습이 보였겠지?

넌 밤새도록 여러 가지 색깔의 안경을 쓰느라 정신이 없었지? 아빠는 안 봐도 네 마음을 다 안다.

하지만 안경을 벗고 남편을 보니 뭐가 보이니?

"아빠, 애 아빠가 지난 밤에 친구가 아파 병원에서 밤을 새우는 게 보여요."

"어허허……."

그런데도 너는 밤새도록 빨간 안경을 쓰며 애를 태웠구나.

딸들아,

사람은 평생 동안 자기 안경의 색깔을 자기가 만들어서 쓰며 산다. 지난 밤 너처럼 빨간 안경을 만들어서 쓰면 세상은 온통 붉게 보인다.

마음이란 무엇인 줄 아니? 네가 지금 쓰고 있는 안경의 색깔과 같은 것이란다. 마음은 제 스스로 여러 가지 색깔의 안경을 만들어서 쓴단다. 그리고 자기가 만든 안경으로 스스로의 자유를 구속하지. 그렇게 살다가 결국에는 검정 안경을 쓰고 떠나가더구나.

애야, 깨달음이란 복잡한 것이 아니란다. 한 생각을 돌려 색깔이 들어 있는 안경을 벗는 공부란다. 색깔이 든 안경을 자꾸 벗는 공부를 하다 보면, 네게도 시간과 공간을 초월하여 앞뒤 좌우를 동시에 볼 수 있는 혜안(慧眼)이 생기게 된단다.

암탉을 보라

사랑하는 딸들아,

아빠는 너희들 4남매를 낳을 동안 한 번도 엄마 옆을 지키지 못했구나. 둘째 너를 역산으로 출산할 때도 아빠는 엄마 옆을 지켜 주지 못했다. 밤늦게 퇴근하여 병원에 가니 엄마가 너를 안고 누워 눈물을 글썽이며 아빠에게 말하더라.

"여보, 나 오늘 죽는 줄 알았어."

엄마의 그 표정이 이 글을 쓰는 순간에도 눈에 선하구나. 평소 엄마는 참을성이 많고 인내심이 강한 사람이었다. 그런 사람이 얼마나 고생을 했으면 저런 말을 할까 생각하니 가슴이 아려 오더라.

4남4녀 8남매를 낳은 할머니는 집에서 출산을 하셨다. 아빠는 할머니처럼 집에서 그냥 출산을 하는 것으로 알았다. 그런데 여자들의 출산이 얼마나 위험한 일이며 얼마나 고통스러운 일인가를

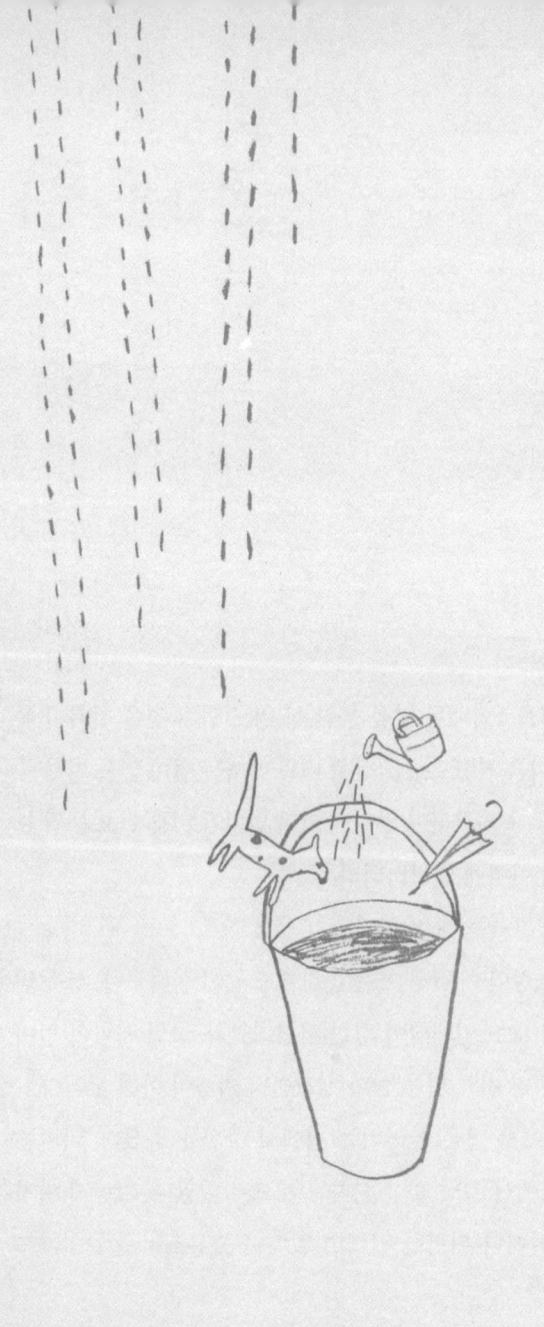

그때 처음 알았다.

젊은 시절 아빠가 강가 밭둑을 지나가다 우연히 도랑에 방목한 어미 염소가 새끼 낳는 모습을 본 적이 있었다. 염소는 새끼 한 마리를 낳고 두 번째를 낳고 있었다.

그때 아빠는 어미 염소가 고통으로 울부짖으며 눈에서 굵은 눈물방울을 뚝뚝 흘리던 모습을 보고 발길을 멈추었다. 그렇게 눈물을 흘리던 염소는 새끼를 낳자 출산의 고통을 잊은 듯 새끼의 태를 혀로 핥아 주더구나. 아빠는 그때 염소기 왜 눈물을 흘리는시 몰랐단다.

새로 태어나는 생명체는 사람처럼 태로 태어나는 것, 병아리처럼 알로 태어는 것, 습기로 태어나는 것, 화(化)하여 태어나는 것 등 여러 가지가 있다.

아빠의 어린 시절 도무골 옛집에서는 마당에 닭을 풀어 놓고 키웠다. 봄에 암탉이 알을 품기 시작하면 신경이 굉장히 날카로웠다. 둥지 옆으로 다가가면 날카로운 부리로 쪼려고 달려들었지.

그런데 3주간 알을 품고 있던 암탉이 부화를 할 때 보면 알 속에 든 병아리가 껍질을 깨고 나오는 게 아니라, 어미 닭이 알 속의 병아리 부리가 있는 지점을 날카로운 부리로 콕 찍어 준단다.

그러면 병아리가 자신의 부리로 껍질을 조금씩 깨고 알 밖으로 나온다. 신기한 것은, 어미 닭이 어떻게 알 속에 든 병아리의 부리 지점을 정확히 알고 있는가 하는 점이다. 그렇게 알을 깨고 나온 병아리들은 어미가 강할수록 모두 잘 크게 된다. 그러나 어미 닭이 약하면 독수리가 채어 가거나 개가 물고 가서 결국에는 모두 병아리를 잃게 되지.

그래서 조모님께서 항상 말씀하셨다.

"자식을 키우는 어미가 강해야 새끼들이 살아남는다. 저 암탉을 봐라."

사랑하는 딸들아,

남자인 아빠는 한 생을 살고 나서야 출산의 고통이 얼마나 큰지 알게 되었다. 만약 남자들이 한 번만 출산의 고통을 맛보았더라도 이 사회는 여성들을 위한 모든 정책들이 달라졌을 것이다.

어미 닭은 사랑하는 자식들이 알을 깨고 나올 때 알의 껍데기를 깨어 주는 것이 아니라 부리가 있는 그 지점만 콕 찍어 주고 병아리 스스로가 알을 깨고 나오도록 한다.

애야, 너도 이 점을 명심해라. 네가 10달 동안 품고 있다가 배 아파서 낳은 자식들을 너무 과보호하지 마라. 어미 닭의 자식 사랑 법을 자세히 보고 배우도록 하렴.

외부의 위협에 자신의 목숨까지 내던지는 어미 닭도 세상에 나올 때는 병아리 스스로가 알을 깨고 세상 밖으로 나오도록 유도한다. 그게 바로 어미 닭이 강한 이유란다.

대합실

사랑하는 딸들아,

어제 모임에 갔더니 6개월 전에 어떤 선생님이 수업을 마치고 교외로 나가셨다가 갑자기 교통 사고로 돌아가셨는데, 맞벌이를 하던 그 부인도 어제 타계하셨다는구나. 갑작스러운 남편의 죽음에 그 부인은 심한 충격으로 암에 걸렸고, 삶의 의욕마저 잃고 말았단다.

우리가 살고 있는 이 지구는 시외버스 터미널과 같구나. 남편이 6개월 전에 버스를 타고 저편으로 떠나자 그 부인도 그 다음 버스를 타고 출발했구나. 겨우 6개월이란 시차를 두고 말이다.

생명이 있는 일체의 유정들은 지구라는 버스 터미널에 잠시 머물다가 떠나가고, 생명이 없는 일체의 무정들은 그대로 버스 터미널에 남아 변화를 거듭한다. 터미널에는 하루살이처럼 하룻밤을 묵고 떠나가는 생명체도 있고, 인간처럼 70년을 머물다 떠나가는 생명체도 있다.

인간만이 이 버스 터미널의 주인은 아니란다. 그런데도 인간은 마치 주인처럼 행세하고 터미널에 묵고 있는 타 생명체를 강제로 버스에 태워 보내 버리더구나. 아빠도 쿠키를 그렇게 보냈지. 넌 이 점을 어떻게 생각하니? 인간이 그럴 만한 자격이 있다고 생각하니? 그렇게 인간이 잘났다면 영원히 죽지 않고 어디 살아 보렴.

수많은 생명체의 지구, 수많은 행성들의 우주. 인간은 지구라는 터미널의 타 생명체와 같은 한 승객일 뿐이란다.

딸들아,

광활한 우주의 세계에서 인간은 가소로운 존재이다. 밤하늘에 수많은 별들을 볼 때마다 경배하렴. 지구라는 버스 터미널에 있는 자연을 볼 때마다 겸손하고 존경하렴.

버스 터미널에서 살고 있는 생명 있는 만물은 단지 머물다 떠나가는 승객일 뿐이란다. 고급 승객은 타 생명체를 경배하고 저질 손님은 버스 터미널이 마치 자기 것인양 주인 행세를 하며 시건방을 떨다가 자기도 어느 날 버스를 타고 저편으로 떠난단다.

아빠가 본 이 세상은

사랑하는 딸들아,

살아 있다는 이 한 가지만으로도 세상은 즐겁고 행복한 곳이란다.

이 세상은 내가 살아 있어 아침이면 밝은 태양이 떠오르고, 저녁이며 달이 뜬다. 새들은 나를 위해 아름다운 노래를 부르고, 꽃들은 화사한 자태를 뽐낸다. 이 모두가 나를 위해 존재한다. 그래서 나는 사는 것이 즐겁고 행복하다.

그런데 돈 때문에, 권력, 명예, 애정, 지위 따위들 때문에 나를 없앨 만한 가치가 있겠느냐? 그런 것들이 내 삶의 목표가 된다면 내 스스로 자유를 구속하고 억압하겠구나.

그게 정말 그럴 만한 가치가 있을까?

인간들은 너무 그런 것들에게 마음을 빼앗겨 법과 도덕에 따라 무엇은 되고 무엇은 안 된다고 자기 스스로의 자유를 구속하였다.

하늘을 나는 참새는 그런 것이 없다. 연못에 사는 개구리도 그런 것은 없다. 오직 인간만이 자신의 자유를 구속하는 감옥을 스스로 만들었다.

이 지구상에 존재하는 만물 중에 가장 지혜로운 자가 가장 어리석은 삶을 살고 있단다. 애야, 너도 그중의 한 사람임을 잊지 마라. 항상 자신이 그런 감옥을 만들고 있는지 잘 살펴보려므나.

딸들아, 인간은 무수한 법과 규범을 만들어 자기가 만든 거미줄에 스스로 갇힌 거미란다. 살다가 어느 날, 자신이 만든 거미줄에 갇힌 거미 신세가 되었다는 생각이 들거든 산에 올라가 보렴.

산에 가거든 소나무가 되고, 바위가 되고, 말없는 꽃이 되어 보렴. 강에 가거든 강물이 되어 끝없이 흘러가 보렴. 들판을 지나거든 황금빛 벼도 되어 보고 밭둑에 핀 빨간 코스모스도 되어 보렴.

그럼 넌 눈에 보이는 모든 자연이 네 소중한 스승임을 깨닫게 될 것이다.

들판에 핀 클로버 잎은 꼭 세 개여야 하고 네 개면 안 된다는 법은 없다. 손가락이 반드시 다섯 개가 되어야 한다는 법도 없다. 네 개라면 불편은 하겠지만 사는 데 지장은 없다. 그런데 사람들은 손가락은 반드시 다섯 개여야 한다고 생각하더라. 그래서 한 개라도 없으면 병신이라고 말하더구나.

애야,

세상은 내 마음의 그릇만큼 얻어 간단다. 내 마음에 소주잔을 가지고 있으면 그만큼, 대접을 가지고 있으면 또 그만큼을 담아 갈 수가 있단다. 자연을 보고 네 마음속의 그릇을 키우도록 노력하렴.

사랑하는 딸들아,

오늘은 아빠가 좋아하는 낙천주의자 이야기를 네게 들려주마.

낙천주의자가 있었다. 19층 아파트 옥상에서 떨어졌지. 한 층 한 층을 떨어질 때마다 겁먹은 얼굴로 바라보는 이웃들에게 손을 흔들며 말했다.

"아직 난 괜찮아!"

기도하는 마음으로 살아라

사랑하는 딸들아,

항상 기도하는 마음으로 살아라. 이 세상은 우리가 눈으로 볼 수 있는 세계(有爲)와 눈에 보이지 않는 세계(無爲)가 있단다.

사람이 살다 보면 인력으로 해결할 수 없는 일들이 많이 생긴다. 그땐 오직 눈에 보이지 않는 신에게 믿고 의지할 수밖에 없다. 무위의 세계를 믿지 않는 사람들도 있더라만, 그쪽 세상을 바늘구멍으로 잠깐 들여다본 아빠의 입장에서는 그쪽 세계의 중요성을 너에게 강조하지 않을 수가 없다. 그래서 이 글을 남긴다.

딸들아, 신에게 기도할 땐 간절한 마음으로 하여라. 신은 네가 믿고 갈구하는 만큼 너에게 관심을 보인단다. 건성으로 하는 기도는 시간만 낭비할 뿐이란다.

사람이 평생을 살다 보면 자신의 능력으로 해결할 수 없는 일들이 생긴단다. 그땐 자신이 평소 믿고 따르던 신에게 의지하고 기도할 수밖에 없다.

신은 자기를 따르고 믿는 만큼 베푼단다. 얼마나 자기를 찾고 갈구하느냐에 따라 응답을 한다. 왜 수많은 선지자들이 신을 믿고 의지하는 줄 아니? 그분들은 모두 그런 경험을 했기 때문에 그렇단다. 단지 그들이 신과의 대화를 남에게 말하지 않았을 뿐이란다. 그분들은 단지 믿고 따르라는 말만 한다. 문명이 발달하면 할수록 앞으로의 세상은 신을 믿지 않으면 더 살기가 힘이 들어질 것이다.

애야, 신의 존재를 의심하지 마라. 신이 존재하지 않았더라면 인간은 제 스스로 악도를 행하여 자멸했을 것이다. 그것은 인류의 역사가 기록으로 보여 주고 있다.

사랑하는 딸들아,

살다가 인력으로 해결할 수 없는 일이 생기거든 신에게 의지하여라. 신은 네가 믿고 따르는 만큼 베풀고 응답을 해줄 것이다.

부탁한다

사랑하는 딸들아,

오늘이 정해년 초하루, 벌써 너에게 이런 글을 남긴 지가 햇수로는 3년이 되었구나. 애야, 다시 한 번 말하지만 아빠는 다른 아버지들처럼 잘난 사람도 아니었고 뛰어난 사람도 아니었다. 오히려 부족하고 못난 사람이었다. 삶에 찌들어 한 번도 너희들에게 애비 노릇을 제대로 못해 준 무능한 사람이었다. 그래서 이런 글을 남겨 아빠의 진실한 마음을 딸들에게 대신 전한다.

딸들아,

수많은 인연 중에 너와 나는 부녀의 인연으로 만났다. 네가 처음 태어났을 때 아빠는 세상의 모든 것을 얻은 것처럼 기뻤단다. 유치원, 초등학교, 중학교, 고등학교, 대학교, 직장, 결혼의 과정을 거치는 동안 아빠는 네가 있어 행복했다.

옛말에 '딸은 키우는 재미'라는 말이 하나도 그르지 않더구나. 또 딸은 '애물단지'라는 말도 맞더구나.

사랑하는 딸아,

네가 있어 아빠는 행복했다. 네가 결혼하여 아빠 품을 떠나던 날, 아빠는 산부인과에서 네가 처음 집에 와 베고 누웠던 도넛 베개를 꺼내 보며 너와 같이 지낸 시간을 끝도 없이 생각했다.

퇴근길에 네가 출생을 했다는 소리를 듣고 아빠는 자전거를 타고 유아용품점에 갔었다. 도넛처럼 생긴 모양에 토끼처럼 누 귀가 달린 이 베개를 팔더구나. 주인이 이 베개를 베면 복판이 패어 있어 머리 모양이 납작해지지 않고 서양 아이들처럼 뒤통수가 예쁘게 된다고 하더라. 그래서 그걸 사 가지고 왔더니 엄마가 잘했다고 칭찬을 해주었다.

그게 어떻게 여태까지 남아 있었냐고?

몇 해 전 봄에, 거실 쓰레기통을 보니 그 베개가 버려져 있더라. 아까운 생각이 들어 주워서 아빠가 옛날 통근할 때 메고 다녔던 까만 도시락 가죽 가방 속에 넣어두었지.

딸들아,

아빠의 한 생은 후회도 없고 걸림이 없는 행복한 삶이었다. 단지 한 사람에게만은 아직도 진 빚이 많다. 아빠와 인연이 된 사람들 모두에게 아빠는 부족하나마 그런대로 마음에 걸림이 없이 하노라

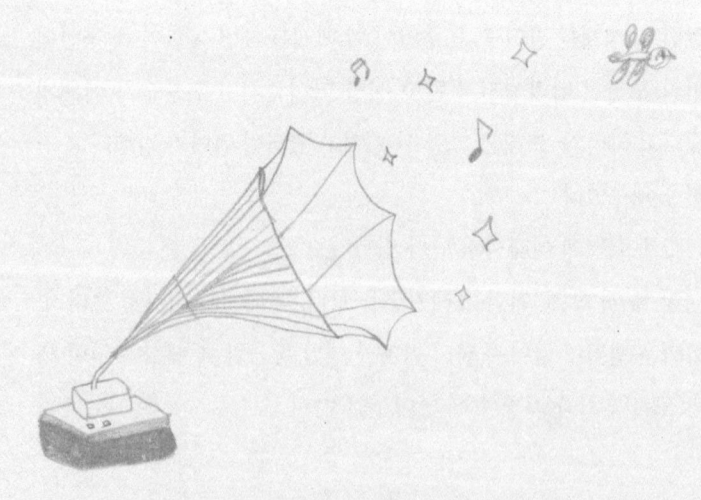

했다. 그러나 엄마에게는 아직도 못다한 게 너무 많구나.

엄마는 아빠에게 평생 동안 주기만 했다. 엄마의 이마에 생긴 잔주름을 볼 때마다 아빠는 미안하기 그지없단다. 아빠가 석포까지 통근할 때 새벽 5시에 일어나 아침밥을 짓고 두 개의 도시락을 싸노라 생긴 주름살이라는 생각이 들어서 말이야.

사랑하는 애야, 엄마의 처녀시절 사진을 보렴. 지금 보아도 곱지. 그런 엄마의 미모를 주름살투성이로 만든 사람은 바로 이 못난 아빠란다.

〈아버지가 아들에게 주는 글〉 제33편 남자 대 남자(약속) 편을 보렴. 할아버지가 아빠에게 '남자 대 남자'로 서로 약속을 하자고 하신 마지막 말씀은 "네 어머니를 부탁한다"이었다. 아빠는 지금도 할아버지와의 그 약속을 지키려 노력하고 있다.

아빠는 지금 당장 이곳을 떠난다 해도 걸림이 없다. 그러나 단 한 가지, 엄마에게는 한 남자로서 너무 많은 신세를 져서 미안하고 송구스럽다. 남편으로서 아빠가 엄마에게 너무 많은 고생을 시켰다. 그래서 마음에 걸림이 아주 많다.

사랑하는 딸들아,

아빠가 아닌 한 남자로서 너희들에게 남기고 싶은 말은,

아빠가 아닌 한 남자로서 너희들에게 당부하고 싶은 마지막 말은,

'네 엄마를 부탁한다'는 이 한마디이다.

니가있어 행복하다

초판 인쇄 _ 2007년 5월 15일
초판 발행 _ 2007년 5월 21일

지은이 _ 김범선
펴낸이 _ 김제구
펴낸곳 _ 리즈앤북

등록 _ 2002년 11월 15일
주소 _ 121-842 서울시 마포구 서교동 482-38
전화 _ 02)332-4037(代)
팩스 _ 02)332-4031

ISBN 978-89-90522-47-4(03810)

* 이 책에 대한 무단 전재 및 복제를 금합니다.
* 잘못된 책은 구입하신 서점에서 바꿔 드립니다.